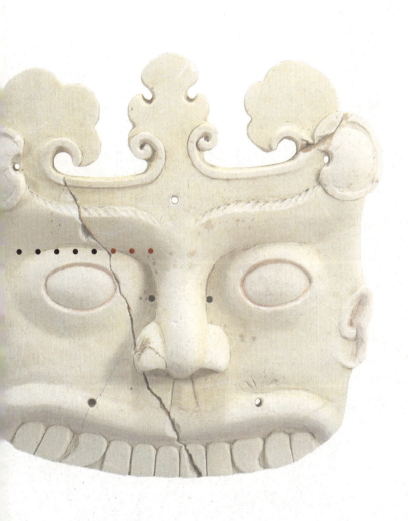

话说中国

中国

漫 漫 中 兴 路 （上） 公元8年至公元220年的中国故事

江建忠 著

上海故事会文化传媒有限公司

上海锦绣文章出版社

总顾问：李学勤
总策划：何承伟

本卷顾问：葛剑雄

主编：　刘修明
副主编：陈祖怀

正文作者（按卷次先后排列）

《创世在东方》　　　　杨善群　郑嘉融
《诗经里的世界》　　　杨善群　郑嘉融
《春秋巨人》　　　　　陈祖怀
《列国争雄》　　　　　陈祖怀
《大风一曲振河山》　　程念祺
《漫漫中兴路》　　　　江建忠
《群英荟萃》　　　　　顾承甫　刘精诚
《空前的融合》　　　　刘精诚
《大唐气象》　　　　　刘善龄　郭　建
　　　　　　　　　　　郝陵生
《变幻中的乾坤》　　　金尔文　郭　建
《文采与悲怆的交响》　程　郁　张和声
《金戈铁马》　　　　　程　郁　张和声
《集权与裂变》　　　　胡　敏　马学强
《落日余晖》　　　　　孟彭兴
《枪炮轰鸣下的尊严》　汤仁泽

辅文作者（按姓氏笔画排列）

马学强　王保平　田　凯　田松青　仲　伟
江建忠　刘善龄　刘精诚　汤仁泽　杨善群
李　欣　李国城　李登科　张　凡　张和声
陈先行　陈祖怀　苗　田　金尔文　郑嘉融
宗亦耘　孟彭兴　赵冬梅　秦　静　顾承甫
徐立明　殷　伟　郭立暄　崔海莉　程　郁
程念祺

图片提供

文物出版社、河南博物院、巩义博物馆、
徐州博物馆、徐州汉兵马俑博物馆等单位
及（按姓氏笔画排列）　王保平　田　凯
田松青　仲　伟　孙继林　李国城　何继英
陈先行　欧阳爱国　殷　伟　徐吉军　郭立暄
郭灿江　崔　陜　阎俊杰　翟　阳　薄松年等
本页长城照片由陈健明拍摄

梦想与追求

何承伟

为最广大读者编一部具有现代意识的历史百科全书

出版说明

> 中国是一个拥有五千年灿烂文明史、又充满着生机与活力的泱泱大国。中华民族早就屹立于世界的东方，前赴后继，绵延百代。

> 作为中国人，最为祖国灿烂的过去与崛起的今天感到骄傲。

> 作为中国的出版人，应义不容辞地以宏大的气魄为广大热爱中国历史的读者，承担起传播这一先进文化的责任：努力使中国历史文化出版物，与中国这样一个拥有五千年文明史的过去相适应，与当代中国日新月异的发展现实相适应，与世界渴望了解中国的需求相适应。

> 人民创造了历史，历史又将通过我们的出版物回赠给人民，使中华民族数千年积累起来的灿烂文化成为当今中国人取之不尽的思想宝库，让更多的读者感悟我巍巍中华五千年光辉历史进程和整个中华民族灿烂的文明成果。

> 为此，我们作了大胆的探索：以出版形态的创新为抓手，大力提高这套中国历史读物的现代意识的含量，使图书能够真正地"传真"历史；以读者需求为本位，关注现代人求知方式与阅读趣味的变化，把高品位的编辑方针和大众传播的形式有机结合起来，独辟蹊径，创造一种以介于高端读物与普及读物的独特的图书形态，努力使先进的文化为最广大的读者所接受。

> 经过多年的努力，这套融故事体的文本阅读、精彩细腻的图片鉴赏、便捷实用的检索功能于一体的中国历史百科全书——《话说中国》终于陆续与读者见面。这套书计15卷，卷名分别为：《创世在东方》、《诗经里的世界》、《春秋巨人》、《列国争雄》、《大风一曲振河山》、《漫漫中兴路》、《群英荟萃》、《空前的融合》、《大唐气象》、《变幻中的乾坤》、《文采与悲怆的交响》、《金戈铁马》、《集权与裂变》、《落日余晖》和《枪炮轰鸣下的尊严》。

> 在《话说中国》这部书里，你将看到以故事体文本为主体的感性与理性的统一。

> 现代人对历史的感悟，最能产生共鸣、最能感到激动的文学样式是什么，是故事。是蕴涵在故事里的或欣喜或悲切或高亢或低回的场面。这些经典场面令人感慨唏嘘，荡气回肠。记住了一个故事，也就记住了一段历史。故事是一个民族深沉的集体记忆，容易走进读者的心灵世界，它使读者在随着故事里主人公的命运起伏跌宕之时，不知不觉地与中国历史文化进行了"亲密接触"，从而让历史文化的精华因子，潜移默化地影响着我们的行为，净化着我们的心灵。因此，《话说中国》以故事体的文本作为书的主体。同时，它还突破了传统历史读物注重叙述王朝兴衰的框架，以世界眼光、一流专家学者的史识来探寻中国历史的发展脉络与规律；以密集的信息，弥补故事叙述中知识点不足的局限，从而使故事的感性冲击力与历史知识的理性总结达成高度的统一。它让读者既见树木，又见森林；既享受了故事所带来的审美快感，同时又能寻绎历史的大智慧。

> 在《话说中国》这部书里，你将看到互为表里的图与文的精彩组合。

> 当今社会已进入"读图时代"，这一说法尽管片面，但也反映了读者的需求。在这套书里的图片与通常以鉴赏为主的图片有很大不同：

> 图片内容涵盖面广。这些图片能够深入再现历史现实，立体凸现每一不同历史时期社会生活各方面的发展变化。透过生动的"图片里面的故事"，可以体味其中蕴涵着的

深刻内容，堪称是历史文化的全息图像。它们与故事体文本相关联，或是文本内容的画面直观反映和延伸，或是文本内容的背景补充，图与文珠联璧合，相得益彰。同时，纵观整套书的图片又分别构成了一个个独立的专门图史，如服饰图史、医药图史、书籍图史、风俗图史、军事图史、体育图史、科技图史等等。

> 图片的表现形式极其丰富。这套书充分顾及现代读者的读图口味，借助现代化手段尽量以多种面貌出现，汇集了文物照片、历史遗址复原图、历史地图与示意图、透视图以及科学考古发掘现场照片在内的3000余幅图片。既有精炼简洁的故事，又有多元化的图像，读者得到的是图与文赋予的双重收获。

> 创造了一种新的读图方式。书中的图片形象丰富，一目了然，具有"直指人心"的震撼力，但在阅读过程中，尤其是在欣赏历史文化的图片中，这种震撼力很难使读者感悟到。原来他们是凭自己的文化底蕴和生活积累在品味和理解书中的图片。两者一旦产生矛盾，就不可能碰撞出火花。本书作为面向大众的出版物创造了一种全新的阅读环境：改造我们传统的图片的文字说明，揭示图片背后的信息，让读者在读完这些文字后，会产生一个飞跃，对第一眼所看到的图片有一种新的发现和新的认识。

> 在《话说中国》这部书里，你将看到一个充满数字化魅力的历史百科知识体系。

> 数字化给我们的社会生活带来了许多崭新的变化，作为文化产品的创新也不例外。为此，我们在这套信息密集型的中国历史百科全书里，大量运用了在电脑网络上广泛使用的关键词检索方式，以关键词揭示故事内核，由此来检索和使用我们的故事体文本与相关知识性信息。这套书的信息化、网络化、数字化，充分表现了中华民族不但有自强不息的过去时，前进中的现在时，而且还有充满希望的将来时。

> 一则故事，一幅图片，一个关键词，都是某个有代表性的"点"，然而这个点不是孤立的存在，而是一个有意义的叙事单位。它是中华民族的文明亮点，折射了我们民族的文化性格。把这些亮点连接起来，就会构成一条历史之"线"，而"线"与"线"之间的经纬交织，也就绘成了历史神圣的殿堂。点、线、面三维一体，共同建构着上下五千年的民族大厦。

> 著名科学史家贝尔纳曾说："中国在许多世纪以来，一直是人类文明和科学的巨大中心之一。"我们知道，印刷是中国引以为骄傲的四大发明之一，中国出版在世界出版史中，曾留下许多脍炙人口的灿烂篇章。然而近代中国出版落后了，以至于到今天与发达国家相比，无论是在出版技艺上，还是在出版理念上，都存在着不小的差距。我们在本书的出版过程中善于学习、消化与借鉴，"洋为中用"，充分发挥"后发优势"，努力把世界同行在几十年中创造的经验，学习、运用到这套书的编辑过程中，以弥补两者之间的差距。事实证明，只要我们努力了，只要我们心中有了读者，我们一样可以后来者居上。

> 中国编辑中的一位长者曾说过这样一段话："我们没有显赫的地位，却有穿越时空的翰墨芬芳；我们没有殷实的财富，却有寄托心灵的文化殿堂。"

> 在编辑这套书的过程中，我们深深感到，中国历史文化太伟大了，无论你怎样赞美，都不为过；中国历史文化又太神奇了，无论你以何种方式播种，都会有意想不到的收获。今天，我们所撷取的，只不过是其中的一朵小花，还有更多更美的天地需要人们进一步去开拓。

现代人与历史

上海社会科学院研究员　刘修明

> 历史与现代人有什么关系？历史对现代人有什么用？这并非每一个现代人都能正确回答的问题。

> 过去的早就过去了。以往的一切早已灰飞云散，至多只留下遗迹和记载。时光不能倒流，要知道过去干什么？历史无用的混沌和蒙昧，不是个别现象。在科学技术高度发达的现代社会，人们更易对远离现实的历史轻视、淡漠。对历史无知而不以为然的人，不在少数。

> 不能简单地指责这种现象。一旦通过有效途径缩短了现代人和历史的距离，人们就会从生动形象的历史中取得理性的感悟，领悟历史的哲理，开发睿智，从而加深对现代社会文明的认识，使现代人的认识和实践达到一个新的层次。那时，人们就会有一个共识：历史和现代是承续的。历史是现代人生存和发展不可缺少的内容。历史和现代人是不可分的。

> 祖国的历史是一部生动的、博大精深的启迪心智的教科书。中国历史是独树一帜的东方文明史。承载中华文明的中国历史，在她形成发展的曲折而漫长的过程中，从未中断过（不像埃及、两河流域、印度文明或中断或转移或淹没）。她虽然历尽坎坷，备尝艰辛，却始终以昂首挺立的不屈姿态，耸立在亚洲的东方。即使从19世纪上半叶开始的对中华文明一个多世纪的强烈冲击和重重劫难，也没有使曾创造过辉煌的中华文明沉沦，反而更勃发了新的生机。中国的历史学家从孔子、左丘明、司马迁开始，持续不断地以一种不辜负民族的坚韧精神，把中华民族放在辉煌与挫折、统一与分裂、前进与倒退、战争与和平、正义与邪恶的对立统一的辩证过程中，将感悟到的一切，记录在史册上。以一笔有独特美感并凝结高超智慧的精神财富，绵延不绝地传承给一代又一代炎黄子孙，从而成就了中华民族及其创造的文明的延续和发展。中华文明的创造和中国历史的记载是不可分的。中国历史是兼容时空又超越时空的中华文明有形和无形的载体。

> 英国哲学家培根说过："历史使人明智。"历史的经验是前人付出巨大的代价（甚至生命的代价）才总结出来的。历史经验包蕴着发人深思的哲理。要深刻地了解现实，理智地面对将来，就应当自觉地追溯历史。现代人只有了解历史，才能感受历史启迪现

实的无穷魅力。唯有从历史的经验与哲理感知杂乱纷纭的现实,才能体会历史智慧的美感和简洁感。

› 这种由历史引发的智慧、魅力和美感,对丰富一个人的生命内涵,提升人的素质,是非常重要的。我们强调人的素质,但素质的基本内涵是什么,却未必很清楚。我认为,人文素质应该是人的素质的基本内涵。一个人的人文素质是由他所属的民族几千年文化创造的基因,积淀在他的血液和灵魂中形成的。以文史哲为主体的人文教育,对人的素质提高具有特别的价值。而中国历史往往又是文史哲三位一体的糅合和载体。只重视外语、电脑教育而忽视人文教育的偏向应引起重视并加以纠正。这种素质教育应当起步于一个人的青少年时代。对祖国的热爱,民族自信心的树立,正确的人生观、价值观的确立,都离不开对祖国历史的了解。只有这样的人,才能立志报效祖国和中华民族,并以他们的不断传承和新的创造,继续为人类文明的发展作出新的贡献。在共同文化血脉上发展起来的13亿中国人和5000万在世界各地的华人,都应有这样的共识,都应承担这样的责任。

› 了解祖国的历史,可以从简明的历史教科书入手,也可以从浩瀚的史籍中深究。关键是引起读者的阅读兴趣。我们这里提供的是一本图文并茂用故事形式编写的中国历史。中国有一本几乎家喻户晓、发行量达几百万册的出版物:《故事会》。这是上海文艺出版总社的名牌刊物,在社会上有很大的影响。何承伟先生从几十年编辑的成功实践中,提出了这样一部以图文并茂的故事形式并包含巨大信息量的中国历史百科全书的设想。在众多学者的参与和合作下,成就了这样一部新体裁的中国通史《话说中国》。它生动形象、别开生面的编写方式,使包括老中青在内的现代中国人,都可以轻快地从这部书中进入中国历史宏伟的殿堂,从中启迪心智,增加知识,开拓眼界,追溯历史,面对未来。它把传统的教育和未来的展望,有机而和谐地结合在一起,引导当代中国人顺应悠久古老的中国文明融注世界发展的现代潮流,以期为世界的文明发展作出新的贡献。我们相信,凝聚了几十位学者和编者多年努力的这部书,一定会为这种贡献尽其绵薄之力,发挥其应有的作用。

目录

东汉王朝作为西汉王朝的后续，同样为中华民族生成史作出过辉煌的贡献。收拾旧河山、再建新朝纲、循吏安黎民、良将定边陲、外戚擅朝政、阉宦乱宫闱、吏士遇禁锢、诸侯裂四方，交织成一幅东汉帝国盛衰图。

专家导言

复旦大学教授、中国秦汉史研究会副会长　葛剑雄

> 从秦朝至清朝这二千余年时间中，汉朝历年最久，扣除王莽所建新朝，也有402年。但同为汉朝，东汉与西汉之间，东汉的后期与前期之间，都有很大的变化。所谓"汉承秦制"，是指西汉的制度大多渊源于秦朝，但这并不意味着整个汉朝实行同样的制度。实际上，即使是同样的名称和条文，很多制度的内容和实质都已不同。特别是在东汉与西汉之间，由于是同一朝代的延续，自"高皇帝"起定下的制度不便多加改易。但时过境迁，形势不同，从朝廷到地方官都不得不作变通。这类变通往往不见于正式记载，只能从史料的字里行间探究。所以要了解或研究东汉的历史，一定要注意这些变化，才能明白真相。

> 这类变化未必是进步或完善，可能是恶化或崩溃，即便如此，也将导致旧制度、旧事物的彻底消亡，为新制度、新事物的产生提供了基础。当然，这个过程或许要持续很长的年代，例如东汉期间的这种变化有的要持续到魏晋南北朝、到隋唐时才显示结果。但无论是突变还是渐变，它们的意义同样重要。

> 如果将东汉的疆域地图与西汉的疆域地图对比，我们不难发现，在朝鲜半岛和今越南境内的东汉疆域都比西汉退缩了，仅今云南和缅甸一带有所扩展。西域的辖境不仅缺少了诸国中最大的乌孙，而且"三通三绝"，实际控制的时间有限。

> 两汉之际的战乱造成的后果似乎一直未能消除，西汉故都所在的关中一蹶不振。从东汉开国皇帝刘秀起，皇权就受到地方豪强的挑战。外戚、宦官、士人间的争斗成为万劫不复的轮回，匈奴内迁和"羌乱"导致大片版图为"羌胡"所有。

> 尽管东汉名义上延续到公元220年，但从184年黄巾起义开始陷于分裂割据，三国鼎立的局面早已形成。

> 这并不意味着东汉的历史只有退缩、衰落、动乱。至少在两个方面，东汉对中国历史产生了重要影响。

> 一是少数民族的内迁。从东汉初的南匈奴入居塞内开始，匈奴、乌桓、鲜卑等族人口不断内迁。在"羌乱"中，羌人也大规模内迁。这些少数民族人口散布在西北和北方很大的范围内，其中一部分人逐渐弃牧务农，或者与汉人杂居，或者为汉人所融合。尽管与魏晋南北朝期间的民族大迁移相比，东汉期间少数民族的内迁无论在规模、数量和族类上都不能相提并论，却开了这一历史潮流的先河。

> 由东汉开始内迁的少数民族人口，除了少数重新迁出的以外，绝大部分最终都融合于汉族，特别是北方的汉族。虽然在这漫长的过程中免不了出现民族间的冲突、仇杀和战争，造成双方生命财产的巨大损失，使经济和文化的发展一度受到破坏或倒退，但结局却超出了任何人的预料。一方面，军事上的征服者最终成为文化上的被征服者，中华文明不仅浴火重生，而且因吸取了诸多新的成分而更加丰富多彩，更富有生命力。另一方面，汉族因融合了众多异族，在数量和质量上都有了巨大进步，而其他民族在境内的定居也使中国始终保持着一个多民族的国家。从这一意义上说，空前强大的盛唐发轫于东汉，以汉族为主体、多民族共处的格局也肇始于东汉。

> 一是南方的开发。虽然从秦朝开始，黄河流域的人口已有过几次较大规模的南迁，民间自发的南迁也已在进行，但直到东汉期间，南迁才成为比较稳定的移民潮流。东汉中叶后，长江流域的经济和文化已逐渐进步，说明北方移民的先进作用开始见效。这为东汉末年开始、永嘉之乱后不断持续的大规模人口南迁奠定了物质和精神的基础。而南方的开发随着移民浪潮波浪式地进行，终于在宋代完成了经济重心的转移，以后又形成了文化优势的逆转。可以说，中国以黄河流域为主的北方与以长江流域为主的南方在经济和文化方面的优势转换，也是从东汉开始的，并且一直影响到今天。

> 要是没有这两项因素，要是它们不是发生在东汉，中国的历史会怎样发展呢？

本书导读示意图

《话说中国》作为融故事体的文本阅读、精彩细腻的图片鉴赏于一体的中国历史百科全书，其中包含着无数令人神往的中国历史的秀美景致，它们经纬交织，互为表里，形成了中华民族上下五千年的灿烂文明。

如同游览名山大川离不开导游和地图的指点，通过以下图例的导读提示，读者定能够尽兴饱览祖国历史美景，流连忘返。

随时感受历史文化的魅力与编纂创意的匠心

整个版面构成充分体现出本书以故事体文本为主体的特点，体现出本书作为历史百科全书的知识信息密集、图文并重的特点，使读者在本书任何一个页面上，都能感受到历史文化的魅力与编纂创意的匠心。

导读、段落标题与编号，
能更好地理解故事精髓，更好地运用故事

为了更好地理解故事，在实际学习生活中运用故事，本书在故事体文本中，特地为读者准备了故事导读、故事段落标题与故事编号等三个重要内容。故事导读是概述故事精要，它与故事段落标题，都是为了让读者更好地理解故事的精髓，同时让读者以一种轻松便捷的方式快速获得文本重要信息。

人物、典故和关键词具有很大信息量和实用性

在每一则故事中，都含有故事核心内容（即故事内核）、故事人物等基本要素。本书将此提炼出来，标注在每则故事的右上角（加上故事来源），使之具有很大的信息量和实用性。

建构多元、密集的知识性信息，
构成了全书另一个重要组成部分

以密集的信息，弥补故事叙述中知识点不足的局限，从而使故事的感性冲击力与历史知识的理性总结达成高度的统一。它让读者既见树木，又见森林；既享受了故事所带来的审美快感，同时又能寻绎历史的大智慧。如"中国大事记""世界大事记""历史文化百科"和图片说明文字等专栏中的有关内容，都是经过精心选择的练达的知识板块，既是历史知识的精华，又是广泛体现"活"的历史，体现当时社会人生百态，体现当时寻常百姓的寻常生活。

再现历史现实的图片系统

图片内容涵盖面广泛，能够深入再现历史现实，观赏效果细腻独到，立体凸现了每一不同历史时期社会生活各方面的发展变化。透过生动的"图片里面的故事"，可以体味其中蕴涵着的深刻内容，堪称是历史文化的全息图像。

《话说中国》以精美绝伦的文字和图片，将中华民族最可宝贵的民族精神和生生不息的文化传统，演绎得生动而传神。看了这张导读图，你就开始一程赏心悦目的中国历史文化之旅吧。

故事标题。

故事编号：与"人物""典故""关键词"等相联系。

公元23年

中国大事记
更始帝杀刘演。

〇〇九

刘秀北上

强颜欢笑 等待时机

话说刘秀一听说兄长刘演被更始帝刘玄伙同新市、平林诸将杀害，二话不说，从昆阳城直奔更始军的临时首都宛城。他对前来迎接的刘演原司徒府的官属的吊唁不加理会，只是一味说自己的过失；对保卫昆阳的大功只字不提，甚至不为刘演敢哭，和平常一样吃喝谈笑，仿佛什么事也没有发生过一般。看到刘秀的一番表态，更始帝刘玄倒也心中有愧起来，大家都是舂陵子弟，自己做得有些过分，于是就拜刘秀为破虏大将军，对武信侯。

其实，刘秀正是肚子的怨毒，无法宣泄，怕的是自己如一不小心，也会赔上性命，那么什么"刘秀当为天子"就只是一个梦，杀兄之仇更无从报起。白天嘻嘻哈哈对人，晚上独自在被窝里咬牙切齿，一心想摆脱更始帝的控制，另找一个属出头的天地。

让刘秀持节北上开拓河北地区是一个契机；更始内部放走了一个潜在的对手；刘秀得到自我发展的机会，中兴功臣们开始崭露头角。

王莽死后，更始军的战斗力急剧减弱，王匡在洛阳击溃了王莽的守将太师王匡和国将军；奋威大将军刘信在沘南斩杀了在当地称皇帝的刘氏宗室刘望，收复了那里的那县。更始想到洛阳这个大城市去当皇帝，就派刘秀为代理司隶校尉，先期到洛阳去整修那里被戟火破坏了的宫殿和官署。于是，刘秀就乘机建立了自己的官署和僚属班子，以汉官的身份进入洛阳。

开始时，洛阳附近的民众，看到更始军的将士都头戴官帽而身穿妇女的杂色衣装，都不禁眼睛发笑；等到刘秀所率领的司隶校尉府属到来，一个个服色整齐，都非常高兴，特别是那些旧日的老吏员，都流着眼泪说："想不到今天能够再见到汉官威仪！"因此，不少有见识的人，都悄悄地倾心于刘秀了。

更始政权的生存空间

更始皇帝刚到洛阳坐龙庭，首先就要让全国的地方官员来归顺，所以就派出许多使者，到各都去宣称："先降者复爵位！"更始使者来到幽州上谷郡，原王莽政府所任命的上谷太守耿况前来迎接，并呈上太守印绶，请使者验明正身，以表示归顺。使者收下了印绶，过了一夜，还没有归还的意思。地地方官不能没有印信，没有印信就无法处理那么多的事务。于是，郡功曹寇恂就带了士兵去见使者，请求归还印绶，使者不予回答，寇恂就强行夺过印绶，把手握

凝固的瞬间：三人倒立杂技陶俑
1972年河南省密县打虎亭河出土的这件三人倒立杂技陶俑，造型朴实优美。三人俩立于阔案之上，其中二人手扶缸沿作倒立之势，身体相互紧紧支撑，另一倒立者顺于其上，双足届伸在空中。这个被凝固了的动态瞬间恰恰体现其灵巧，既能把生活而又不受拘束，其整体形象更得多方位、多角度的观赏效果。

故事段落标题：揭示本段故事主题，具有阅读提示和增加阅读悬念的作用。

中国大事记：以每卷所在历史年代为起止，精选与故事相应相近年代的中国历史文化重大事件，以此体现中国历史发展的基本脉络。

故事导读：概述故事精要，更好地理解故事精髓。

世界大事记：以中国大事记为参照，摘选相应年代的世界各国历史文化重大事件，以此体现本书"世界性"的理念。

人物、典故、关键词、资料来源：将故事的人物、关键词提炼出来，标注于此（加上故事来源），使之具有很大的信息量和实用性。

图片：涵盖面广泛，能够深入再现历史现实。纵观整套书的图片，又分别构成了一个个独立的专门图史。

以直观的表格形式，便于读者对分散信息作系统的查考。

图片说明文字：深入揭示图片"背后"的历史文化内涵，读完这些文字，就会对图片有新的发现和新的认识。

历史文化百科：是精选的历史文化百科知识，分别涉及政治、经济、文化、科技等十余个知识领域。

公元23年

大印的授带挂在耿况的身上，使者没有办法，就顺水推舟，以皇帝的名义颁印给耿况。此事显示出北方还未真正归顺于更始政权。

另外，宛城人彭宠接受更始令，以偏将军的身份代理渔阳太守，但是心怀观望。赤眉军接受更始使者的招降，樊崇等二十余人入到洛阳，被封为列侯，但没有封地，只得返回自己在濮阳的大营，成为仍旧故我的又军。另外，王莽的外孙李宪，在颍川自称淮南王；原来梁王的儿子刘永，受封为梁王，驻守在睢阳，可是眼中和当地武装颇有联系。

一纸委任状　正中逐鹿心

更始帝面对极为不稳定的局势，想派一员信得过的大将去开拓镇守黄河以北的地区，才能居高临下地控制东方局势，刘玄的叔父大司徒刘赐说："宗室子弟中，只有刘秀堪当大任。"朱鲔等人则认为不妥当。因为叔父的坚持，刘玄才不令让刘秀以代理大司马的身份，拿着符节，渡过黄河，去招抚河北地区。

更始帝的这个任命，对刘秀来说正是求之不得，这一纸代理大司马的委任状，顿时打开金锁走蛟龙，刘秀立即渡河西走。

民间商人制作、平民使用的赤陶钵和汤匙

汉代民生活必需品中凡涉及铁、酒和盐等获利大的制造业及商品均由国家控制。民间常用的且获利小的许多生活必需品由民间制作，加日常光使用的奇陶厨具、餐具等多由民间商人制作、平民使用。

【历史文化百科】
【汉代妇女的上衣】

桂衣是汉代妇女所穿的一种服装，主要指上衣。衣形特点是上圆较宽，下面较窄，呈刀圭市形状，为了彰显女性的温柔美丽，桂衣上特别绘有长长的带子，当经风吹起时，飘然若仙，别有韵味。

东汉重大科学技术一览表

学科	时间	成就
天文历法	东汉初期	傅安和贾逵在继承前人双环浑仪的基础上增加了黄道环成为黄道浑仪。
	东汉元和二年（85年）	由编䜣、李梵创制的《四分历》开始施行，废止岁星纪年法，实行干支纪年法。
	东汉中期	张衡在西汉的基础上改进浑象（又叫浑天仪）使其臻于完备。
数理化	始于永平二年（59年）	王充《论衡》中对指南针有了最早的描述，并记述了静电和磁石吸引现象。
	公元1世纪下半叶	《九章算术》成书。
	东汉阳嘉元年（132年）	张衡发明测定地震的地动仪。
	东汉后期	魏伯阳著《周易参同契》，是世上最早的炼丹著作。
医药学	东汉期间	涌出著《针灸甲乙经》。
	东汉末期	张仲景著《伤寒杂病论》。
	东汉末期	华佗创世上最早的麻醉剂"麻沸散"，并制"五禽戏"。
造纸术	东汉末期	蔡伦总结前人经验改进造纸术。
机械	东汉初期	杜诗发明利用水力鼓风的水排。

著有《地理学》、《历史概论》的希腊学者斯特拉波去世。

世界大事记

列传
机选

刘秀

〔历汉书·光武帝纪〕
〔历汉书·邓禹传〕

人物　关键词　故事来源

公元 8 年 ＞ ＞ ＞ ＞ 公元 2 2 0 年

前言

公元 8 年至公元 220 年
从光复行动的血雨腥风中走来
东汉

上海古籍出版社副编审　江建忠

中国古代史上国祚较久长的封建王朝，往往会被战乱或政治变故所裂折，乃至鼎雒播迁，九庙毁遗，形成两段欲断还续，似旧犹新的统胤。又由于国都的新旧继替，一家一姓的王朝徽记往往会以东西、南北、前后来加以区别。于是有了西晋与东晋、北宋与南宋之类的名目。刘邦所创建的丰沛刘氏汉王朝，也有着这样的经历。

中兴之路开始于王朝历史的折裂点 ＞那些曾因变故而裂折，后得延续的王朝，往往是国运比较盛厚、文化根植又比较深潜，政治上的耗丧还不是那么决绝，如此等等。由南阳春陵子弟刘秀再造的缵绪于高祖皇帝刘邦的东汉王朝，正是这样的一种状况。＞然而，刘秀所开创的东汉王朝，又与其他的同姓王朝交相承传递接的情况有所不同：司马氏晋王朝，在洛阳朝廷行将覆灭时，东晋创始者司马睿已经以亲王身份，自行在江东植下自己的根基。因而，西晋末代皇帝司马邺听到宫殿前的匈奴铁蹄声时，可以带着三分心安理得地下诏书让这位已有承制丞相身份的琅琊王承接司马氏晋王朝的大统。更后来的赵氏宋王朝的徽钦二帝蒙尘北狩时，大宋朝臣立即就可拥立有着"河北兵马大元帅"头衔的九殿下赵构为帝，经过几年的颠沛流离，安然定都于临安。尽管这些王朝的传承，有很浓重的偏安色彩，但王朝在政治上断裂都不是十分明显，人心的系维尚比较稳定。而太学生刘秀想建立起一个与西汉王朝骨肉相连的政治架构，要艰难得多。因为：西汉王朝刚走过武帝的巅峰，就滑向经由昭、宣、元、成、哀、平的陡坡。王莽在居摄元年（6）立孺子刘婴为汉平帝名义上的皇太子时，已经在实际上把皇帝宝座篡夺到手。三年后，王莽亮出了"新"王朝的招牌，在万人劝进、祥瑞铺天盖地而来中称新莽天子，此时从地方到朝廷，起兵反莽的人寥寥无几。到十四年后（新地皇三年，22），刘秀脱下太学生头巾，以春陵宗室子弟的身份，混迹于绿林军（当时已改编为下江兵和新市兵）之中，高唱反莽时，中原大地的青少年们已不太知晓"汉官威仪"是何物了；经过三年苦苦鏖战，得以在鄗城称帝，而后又定都洛阳时，有大半国土还在兵荒马乱之中。要在亡散无着的民心上再续已断绝多年的刘姓皇统，再建炎汉帝国，是一场真意义上的中兴，是一次无比艰苦卓绝的重建。〉正因如此，创建东晋的司马睿庙号为"中宗"，绍创南宋的赵构庙号为"高宗"，唯独刘秀被尊为"世祖"（古代皇帝庙号的原则是"祖有功，宗有德"）。

中兴是一次汹涌澎湃的社会能量宣泄

〉西汉雄主武帝是以他的大征伐、大封禅、大求仙走向自己的顶峰的。可是，汉武帝的顶峰正是西汉王朝的悬崖边，只要再荒唐地跨出一步，也许就是王朝的葬身之地。幸亏这位名巍的雄略之主在关键之时，下了一道令古今的皇权崇拜者感激涕零的"轮台罪己诏"，脱身而出。可是他所付出的代价太大了：国家财力消耗殆尽，士卒伤亡无数，百姓流离失所，赤地千里，人口减少一半。以至武帝死后朝议如何为他立庙彰显功德时，居然有大臣起来公开反对为之立庙。显然，武帝的"多欲"，已经在社会深处积聚下西汉王朝第一股具有可怕反弹力的能量。〉不幸的是，武帝之后的西汉皇帝们太不争气。紧接的昭帝、宣帝尚能守成，而后的元、成、哀、平，一代不如一代，要么是荒唐的浪荡子，要么是懦弱无能、任用奸邪的昏君。平帝是个娃娃，九岁做皇帝，十四岁就被外戚兼权臣王莽毒死。王莽把一个只有两岁的婴儿搁在西汉王朝的龙椅上，刘氏汉王朝突然走到命运的尽头。可以想象，如果没有权臣在侧，汉家的股肱之臣是能依据祖宗成法，或因皇帝子嗣众多而立嫡，或因乱世而立长，终有办法让汉王朝的统绪延续下去的。可是，处心积虑的王莽，早已拿起汉武帝当年纠同经师董仲舒小心铸造的"天人相应"、"君权神授"的神圣武器，大张旗鼓地把汉室的"天命"转移到自己身上，最后在万人上书的闹剧中，坐上本是汉家的龙椅。王莽自己很舒坦，眼看着那么多的天降祥瑞而不得不信的汉家臣民也很舒坦。草野之民暂时忘却了昨天才逝去的汉王朝，也忘却了自武帝以来所经受的种种苦难。社会能量暂时潜藏得似乎更深。〉王莽借儒家经文来改变成制的癖好，不因为当上皇帝而歇止，反而愈演愈烈：周边民族关系要"改制"，皇家职官要"改制"，山川地域要"改制"，有关百姓生计的赋税徭役要"改制"，钱币泉布要"改制"，改得人们心头发腻，改得天怒人怨，改得草野之民无法聊生。于是，北鄙边民起来闹事了，江南瓜田仪起事了，琅琊吕母聚众造反了，荆楚的绿林好汉啸聚了，鲁地的樊崇涂赤双眉也揭竿而起了。在这些起事者的心胸深处，无不积藏着武帝以来的能量，也添上了新莽王朝十数年淤积的新的反弹力。这些草野之民在新莽帝国的大片国土上奔走着，呐喊着，要散发出胸中积攒的能量。一贯面向黄土背朝天默默耕作的农夫，并不需要这种不期而来的"能量"，需要的仅仅是能使自己和妻儿活下去的一口粮食。现在，连活口的糠菜也没有了，那就只有让那些积聚已久的"不期而来"的能量散发出去，从哪里来，就散回哪里去！〉由刘氏宗室和绿林农军结合而成的更始政权，受到后来大史家司马光的重视，把更始政权嵌置在王莽政权之后，刘秀东汉政权之前，作为《资治通鉴》所纪千年历史的一环。然而，更始政权未能与民更始，进入洛阳不到三年，就消磨了锐气，耗尽自身所存储的历史能量，迅速闪身于历史舞台之外。冒牌皇胤王郎在河朔地区叱咤一时，不足一年，就气数断绝，被幽燕突骑消灭于邯郸城外。赤眉大军挟东海之风雨，横扫中原，直入长安，百万之众在腐朽而又繁华的旧日皇都，自己把自己弄得奄奄一息；在企图涉出泥淖，东返故里的中途，被真命天子的精兵猛将消灭得干干净净。坚韧的铜马农军，含孕自己的能量，

公元 8 年至公元 220 年
从光复行动的血雨腥风中走来
东汉

始终在自己家门不远处打转，同样经不起刘氏中兴力量的一击，徒然在"光武皇帝"尊号之外，给刘秀加上一个"铜马帝"的雅号。隗嚣、公孙述高卧西土，在陇中和蜀中这两块元气未断的沃土上，保养起滂沱未泄的能量，以为割据一方也可保得荣华富贵。可是，刘秀奋其爪牙，以能量来摧折能量，不以"得陇望蜀"为过，先后帮助这两位最后割据者，释放掉这一派凝聚在白金之地的所有能量。>春陵子弟的佼佼者——刘縯、刘秀兄弟是一对更自觉、更有目的的弄潮儿。当他们与由绿林军改编的下江兵相组合时，胸中自有一个创一番高祖皇帝那样的伟业的目标。刘氏兄弟以后的行动表明，他们是这场社会能量宣泄的推波助澜者，是胸有成竹的引导者，更是福至心灵的吸纳者。他们时而凶残血腥，时而淳和宽仁，而铲除群雄，收拾旧日山河的方向始终不变。唯此，刘秀他们才能成为最后的得益者。

中兴是一次人心走向的演示 > 毋庸讳言，中兴之路是一条充满血腥的杀伐之路，是一条以历史能量摧折历史能量之途。一次战役，双方动辄耗员十数万，并不少见。光武手下大功臣吴汉，在对公孙述发出最后一击时，因自己兵败堕河之辱，陷城后三天，竟还要灭对手满门性命，又尽屠成都之民。另一个悍将耿弇，号称一生未有败绩。可是，正是这个不败的"福将"一生攻陷过四十六个郡，屠城三百座。>但是，光凭杀戮不能再续一个已经被裂折王朝的政治生命。因为一个王朝裂折的根本原因，恰恰是这个王朝的人心的流散。王莽当年掏空了西汉王朝所赊存的人心。当他坐上皇帝宝座之日，正好是汉家臣民和刘姓宗室纷纷上书劝进最为起劲之时；当寥若晨星的反莽者起兵时，草野之民站在一旁，无动于衷。当时西汉王朝外无大患，内无深忧，被"独尊"的董氏儒说还稳稳地凝冻着士大夫上究天人之心，独独亏空了磅礴于天地之间的默默民心。>当王莽被长安市井小民裔切后，作为更始政权司隶校尉的刘秀领着一班服饰整齐的吏役们走上洛阳街头，年长者蓦然想起当年见惯了的"汉官威仪"来。如此民心的复苏，注定了谁最能代表西汉统绪，谁就是最后的胜利者。>当刘秀以更始大司马身份进入河北时，王郎已经先一步抓住了河朔一带的民心。这个聪明的卖卜者，以汉成帝儿子刘子舆的名义，调动着以邯郸为中心的大片地域的居民和官吏，使真正的皇家后胤东奔西突，走投无路。>标榜宗室，安抚民众，可以得人心，立足于天下；任贤能，善经营，安抚百姓，也可以得人心，坐望西伯之业（指周朝实际缔造者姬昌在中原的西面挣下的霸业）。这是隗嚣、公孙述的思路。特别是自恃"西太守，乙卯金"的公孙述，利用谶纬与刘秀争夺民心，毫不逊色于刘氏宗室。所以，刘秀要对付这个势力，只得撇民心在一旁，纯用血腥的武力，戕尽对手的根基。

没有创意的重建 西汉东汉同归于一辙 > 光武帝平陇蜀后，天下初定，百姓太平，激烈的光复行动转向更深一层的"重建"。看来，光武帝的重建就是以汉武帝作为蓝本，用功不可谓不勤，可就是鲜有创意和变更。确实，光武帝着力于简政令，进贤良，释军权，集皇权，六次下释奴诏，三度禁虐杀奴婢，几次三番地追查"度田令"的执行，为帝国的重建可以说是呕心沥血，厥功至伟。光武帝又在向全国颁布谶纬的同时，大力推行太学；在加强汉武帝创意的内朝制正式把尚书台膨胀到架空丞相三公地位的同时，又纯用宫中阉奴充任"出

纳王命"的宦官。光武帝那种千方百计张扬皇权的用心，处处可见。他的继承者汉明帝，在登帝位的第二年，图先帝二十八功臣像于南宫云台，特地在二十八将外添加了王常、李通、窦融、卓茂四人，似乎透露出他对先帝在"中兴"、"重建"中所依赖的可靠对象的理解：王常是从农民军中走过来的忠厚谨敬的将军，李通是最早的从龙而起的地方豪强，窦融是世代忠良的皇亲国戚，卓茂是无论谁当皇帝都一样恭谨贞实的淳吏。光武帝父子深信，这四类人物才真正是帝国长治久安的可靠保证。>汉明帝算得上是中兴伟业的继承者，史书对他所下的赞语"显宗（明帝的庙号）丕承，业业兢兢"，"懋惟帝绩，增光文考"，可以说是中肯之评。接踵的章帝勉强可守厥业，而后的帝子，则又如当年西汉的元、成、哀、平一般。

公元 8 年至公元 220 年
从光复行动的血雨腥风中走来
东汉

其实，这几个皇帝有的屠弱、有的幼冲，也实在怪不得他们。正是这些小皇帝身旁的大人们：大太后、大国舅、大宦官、大朝臣，你推我搡地硬是把偌大一个经过漫漫征程重建起来的东汉王朝逼到百劫难复的黑暗没落的境地。>国舅国丈们很容易转化为能录尚书事的大将军，特别当皇帝幼少时。外戚专权又自然与皇后、太后们有关。东汉前期倒是出了个把有贤德之名的太后：明帝的马皇后是个真正的贤德之人。她当上太后后一再不准儿子章帝封舅舅们为侯爵。马家外戚是专不了政，可是马太后一死，她的儿媳窦皇后马上兴风作浪，弄出窦氏专权的局面来。章帝的儿子和帝也有个贤德皇后，可这个和熹邓皇后虽然对本家兄弟是很抑制的，国舅邓骘也尚算谦和本分。但是邓太后私心里还是一个爱支配别人的女人，恋权情结使她自觉不自觉地两度把婴孩之年的子侄送上帝位。一旦邓太后山陵崩逝，宫中的傅保、乳娘和阉官趁机而动，结果宫中大乱，出现了外戚阎氏专政。从此，东汉外戚专权的局面，一直延续到东汉灭亡，比诸西汉有过之而无不及。>汉武帝首先宠用阉人，到汉元帝时就出现宦者弘恭、石显用事的先例。光武帝踵武乃祖乃宗，纯以阉人为宦官，从此阉宦毫无阻拦地直切宫禁中枢，成为皇帝或有权力欲的皇后的心腹助手。名列史册的从郑众、蔡伦到曹节、张让，无不与东汉王朝重大变故有密切关联。这是西汉的几个宦官所无法望其项背的。>东汉太学之盛，胜于前朝。但是，从太学堂里出来的朝官大臣，虽然比较清淳有正义感，可是不一定个个是能经纶国事、应对变故的股肱之臣。而且，当时的选举制度和世家大族的萌起，多数朝官几乎都有着世族的背景，于是不免都有着与独占风光的外戚、宦官奋身一搏的利益冲动，也因此在行动中，不容易得到来自更深广的下层的社会力量的支撑。在外戚、宦官的面前，吃亏的往往是这些朝官、地方官吏和太学生们。>在与西汉差不多长的二百年国祚中，东汉极力追踵西汉，却又显得拙劣柔弱，负面的东西却又较前者多。唯一可以夸耀的也许就是东汉的儒学。它摆脱了西汉儒学的可憎面目和那种充斥着阴阳五行的神秘主义；代之以使人感受得到的孔子学说本原的人文气息，透出了以严谨为底色的淳厚。>到桓、灵之际，外戚、宦官、朝臣三种势力已经纠扭成无法解开的死结。当董卓这个边将的陡然介入，外戚与宦官俄顷间同归于尽，朝官大臣纷纷流散到地方，成为游离于朝廷之外的割据者，东汉王朝最后一个皇帝则成为挟人手的令牌。东汉王朝终于定格在历史长廊的某个缺口上。>无论如何，东汉王朝的重建历史值得回味，东汉缔造者光武帝的历史功绩不可磨灭。

公 元 8 年  公 元 2 2 0 年

东汉时期全图

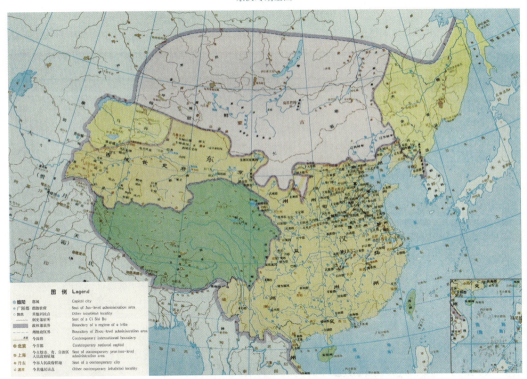

选自谭其骧主编《中国历史地图集》第二册：秦西汉东汉时期

东汉世系表

1 光武帝刘秀 → 2 明帝刘庄 → 3 章帝刘炟 → 4 和帝刘肇 → 5 殇帝刘隆 → 6 安帝刘祜

→ 7 顺帝刘保 → 8 冲帝刘炳 → 9 质帝刘缵 → 10 桓帝刘志

→ 11 灵帝刘宏 → 12 少帝刘辩 → 13 献帝刘协

绿林好汉

两千年前，政治狂人王莽用令人眼花缭乱的政治游戏，把西汉王朝刘氏政权篡夺到手后，却依然把治国大事当作儿戏，不断地玩弄"复古"的新花样，再加上地方上奸吏贪官枉法害民，弄得全国上下动辄犯枉触禁，无法安生，多次发生民变，尽管王莽急急忙忙派兵去残酷镇压，也无济于事。

> 一群饥饿的灾民，在绿林山中找到暂可苟活性命的栖身之地。当他们被迫离开山林，流浪向别处时，他们已经成为一个王朝的掘墓人。

天灾人祸　啸聚山林

此时，素来富庶的荆州地区（现在的湖北、湖南一带）发生饥荒，饥民只得到沼泽湿地去挖取荸荠来充饥。在挖食时常常发生争执，新市人王匡、王凤平时很有威信，能够为饥民公正地平息争执，就被大家推举为首领，聚合了数百人。于是，在外地流浪亡命的南阳人马武，颍川人王常、成丹都来入伙。王匡、王凤就带领众人，先去攻下本地的离乡聚，稍得给养之后，就躲藏到附近的绿林山中。一时间，绿林山中有好汉聚义的信息不胫而走，几个月里就聚集了七八千人，声名大振。消息传到长安城，新朝皇帝王莽迫不及待地派兵马前去弹压。

工艺精湛的青铜斧车
1969年10月，在甘肃省武威雷台的东汉晚期砖室墓中出土了这辆青铜斧车，工艺精湛，为当时出土辇车、牛车等青铜制造的上品，反映了当时青铜技术达到相当水准。

绿林军击败"奔命兵"

当时，各地民众起事，都是因饥寒穷困而起的，虽然聚集了不少人，可是想的只是捱到一个丰收年，就可以返回到家乡去。所以，队伍常常庞大到几万人，可从来不敢公然攻打城池，只是到小地方抢得一天半日的口粮就收手；而地方官员有时在混乱中受伤而死，倒并不是民众有意去加害的。当然，王莽是不会明白这一点的，所以一味派兵去残酷镇压。地皇二年

王凤
王匡
王常

贫穷
正义

《后汉书·刘玄传》
《资治通鉴·汉王莽地皇三年》

人物　关键词　故事来源

精雕细琢的龙凤玉佩
汉代的玉器继承了战国时代的传统，佩玉在种类上趋于简化。佩玉一般有璜、环、琥、珑等，汉代佩玉的雕刻技艺已经达到很高水平。图为东汉的龙凤玉佩。

(21)，荆州牧（州长官）发兵二万，亲自率领，浩浩荡荡杀奔绿林山。官军刚动，信息就传到绿林好汉那里。王匡、王凤等首领，也不多加商议，拉起队伍就下了绿林山，在云杜县的地界上迎面遇上官兵。双方都来不及部署兵力，马上交起手来。王匡、王凤带领的是一批乌合之众，一个个都是为逃避饥饿而凑在一起的饥民，根本不知道打仗是怎么一会事。现在面对全副

东汉画像砖：播种
四川德阳出土的东汉画像砖。画面描绘播种季节，田畦相连，农民们挥舞铁镰，后面的农民撒下种子，远处几株绿叶如盖的树衬托出当地环境。构图单纯而又富于变化，农民矫健的步伐，活跃的姿态，富有弹力的丰满的肌肉和动作的韵律感，取得了优美动人的艺术效果。

武装的官兵，本来对饿肚子的恐惧，突然变成对死亡的恐惧，求生的欲望化成异乎寻常的反抗力，成千上万手持木棒、锄头的绿林好汉，向训练有素的官军扑去。荆州牧所率领的是二万"奔命兵"，这是一种专门应付突发事变的机动部队。装备精良的"奔命兵"，在拼命的饥民面前简直不堪一击，一下子就被击杀数千人，随军而行的大批装备给养，全部被绿林好汉截夺而去。荆州牧带领严重受挫的"奔命兵"，调头就向州府奔逃。不料，绿林首领中强悍好斗的马武等人意犹未尽，带了一些壮士飞快赶去，截住官兵，用钩子搭住荆州牧所乘的马车。马武等人刺死了拉车的副马，但终究不敢对荆州牧这样的官员下手，放他们回城而去。绿林好汉们刚刚体验到自身的力量，就乘胜攻下了竟陵、云杜、安陆等县城，还虏掠了一批妇女，重新返回绿林山。

走出绿林山 投向新天地

不久，绿林山区发生瘟疫，饥民大量病死，只得分散外出求生。王凤、王匡、马武等率部向北进入南阳（今河南南阳）地区，号称"新市兵"；王常、成丹带领一支部队向西进入南郡（今湖北江陵）一带，号称"下江兵"；另外平林人陈牧、廖湛在本乡聚众千余人，号称"平林兵"，各路首领都自称将军。从此，再也没有"绿林军"这个称号。但是，由"绿林军"改编而成的"新市兵"、"平林兵"，成为当时反抗新莽政权的主要力量，"绿林好汉"则变成千古以来深入人心的名号，尽管有时被视为贬称，但它内在的反抗精神，是无法被抹煞的。

> ▷历史文化百科◁
> 〔依附于士族的门生〕
> 由世修儒学的士族亲授的学生称弟子。再传授者为门生。门生依附士族可以免除课役，平时侍奉并效忠主人。在魏晋南北朝时随着士族制度的形成和兴盛，依附于士族的门生日增，但地位却日渐低微。

〇〇二

几乎与荆州地区的绿林军起义同时，齐鲁地区的农民群众也公开与王莽的地方官兵进行了殊死的搏斗。

东海狂飙

琅玡郡下有个海曲县（今山东日照），这个县的一个办事小吏，被县官无辜冤枉而死。这个小吏的父亲名叫吕母，他痛丧爱子，就散尽家财，用来结交附近的贫苦青年，又开设酒店赚钱来购买弓箭，最后率

赤眉军

反抗狂飙从齐鲁大地升起。一个名叫樊崇的汉子，带领无数画着赤眉的劳苦民众，走上从东向西横扫中原的征程。

众攻入海曲县城，杀了那个县官来祭奠自己的儿子。这一壮举，成为齐鲁地区反抗王莽暴政的信号。同样在琅玡郡，有个叫樊崇的好汉，率领百余人在家乡莒县起义，反抗新莽政权。樊崇在莒县待不下去，就转移到泰山去，附近一带的小股农民武装，见他勇猛善战，都来归附，一年之间就聚集了万余人。这时，琅玡人逄安、东海人徐宣、谢禄、杨音等人各自聚众起兵，集合起来共有数万人之多，一起来加入樊崇的队伍。这支队伍活动在青

生活气息浓郁的陶猪圈

此陶猪圈为东汉墓葬中的明器，出土于陕西乾县。猪圈为长方形，通身施以绿釉。其左边为楼形的厕所，右边紧连着正方形的猪圈，猪圈中有一头大母猪，它的身旁躺着四头可爱的小猪。猪圈的右下角还搭了一个猪棚。猪圈外有一个饲养者，其脚下放着喂猪的盆和瓢。这个生活气息十分浓郁的陶器反映了当时的养殖业实情。

抚琴奏曲的弹琴俑

所塑弹琴俑头戴帻巾，内着圆领衣，外罩长衣，席地盘膝而坐。在该琴俑的膝上横置一琴，弹者双手正作弹挑、按弦状。这位弹琴者面容安详，似正沉浸在弹琴的快乐之中。

> **历史文化百科**
>
> **〔雄伟壮观的汉墓阙〕**
>
> 按两汉时期的墓葬习俗，墓阙设在墓前神道上，用石料雕刻而成，形体宏伟壮观。从现存的墓阙看，至少有3～6米高，如山东武氏祠墓阙、四川新都王稚子墓阙等。

州和徐州之间，王莽派去驻守地方的官军，无法抵挡他们。

"杀人者死 伤人者偿创"

樊崇等义军首领，看到手下部众来自各方，不懂得如何管理约束自己，就相互约定："杀人者死，伤人者偿创！"这样的规定虽然简单而又严厉，但是对约束分散的部众倒很有效，受到当地老百姓的欢迎。另外，樊崇担心部下与来犯的官兵相混淆，就让部下都用大红颜料涂饰眼眉，作为标志。

此时，王莽派太师王匡和更始将军廉丹从长安出发，到东方来讨伐，前来的官兵多达十余万，一路上烧杀抢掠，无恶不作。当地老百姓就说："宁逢赤眉，不逢太师；太师尚可，更始杀我！"

太师王匡和更始将军廉丹，一开始还未与赤眉军交过手，倒是先镇压了一些分散的农民武装。当他们打败了东平郡无盐县的农民军时，发狠斩下万余颗农民军的脑袋去领赏，王莽下令晋封他俩为公爵。官军在进入梁郡地界时，才遭遇上真正的赤眉军。这支赤眉军由樊崇的部将董宪率领，共有数万人，正挡住官兵东去之路。太师王匡是年轻人，骄躁贪功，正陶醉在无盐县胜利的狂喜之中，所以主张立即发起进攻。廉丹虽是个凶残的悍将，但头脑还算清醒，认为刚经过一场攻城激战，兵士都很疲惫，需要好好休

威武的执戟骑马人
这个骑着马匹手持长戟的人可能是贵族家丁中的守卫，也可能是农庄私人武装中的一员。马匹雕塑得威武昂扬，与守卫的神采相得益彰。

整一下，才能保持军威。王匡不懂军事，一心只想立功，就率部抢先进军，廉丹只得也催动兵马，随后而来。

首次大交锋

离无盐县不远，有一个叫成昌的地方，官军在此与赤眉军相遇，战斗立即触发。少不更事的王匡根本没有作战的能耐，两军刚一交锋，就退下阵来。

这个年轻的太师，二话不说，调转马头就逃，部下跟着也拼命夺路而跑，把跟在后面的廉丹的部队也冲散了。董宪见了，乘势麾军赶来，一路冲击，势不可挡。常言道兵败如山倒，廉丹眼看官军已溃散，无法再扭转战局，他是个征战经验丰富的军人，懂得军中法纪，就急忙派手下把自己的帅印、官绶和兵符交送到王匡的手中，说："小儿可走，吾不可！"他留在战场，直到战死。同时在战场上被杀的，有廉丹的校尉汝云、王隆等二十余员将官。

成昌一役，是赤眉军与王莽军队的第一次交锋，也是最后一次大交锋。因为，南阳一带的反莽大军已经兴起，王莽只能在洛阳一带设下防线，无力再出重兵与赤眉军决战了。

乱世多民谣，再加上王莽本身就是用民谣谶语来骗取皇帝宝座的，所以当各地反王莽的势力纷纷而起的时候，民谣谶语更是满天飞舞。

刘秀当为天子

民谣谶语有的时候是政治气候的反映，一旦谣诼四起的时候，人心也跟着浮动。汉光武帝是一个善于利用民谣谶语的政治人物。

预测皇帝的谶语

绿林军活动地区的北面是南阳郡，郡下有个白水乡，住着西汉春陵侯的后代，其中有刘縯、刘秀兄弟三人，都很有才干，也很有野心。有一次，刘秀偕同姐夫邓晨去拜访蔡少公。这个蔡少公好结交朋友，平日又喜欢搜集研究一些民谣谶语，作为谈笑的资料。当下见邓、刘和其他宾客济济一堂，很是高兴，就卖弄起新近流行的谶语，其中有一段是"刘秀当为天子"。这谶语很简单，也很露骨，要是在当年孝武皇帝刘彻在世的时候，不要说制造谶语的人要掉脑袋，就连在一起说说的人也难免一场囹圄之灾。

汉光武帝像

汉光武帝刘秀是东汉王朝的建立者，也是最有学问、最会用兵、最会用人的帝王之一。从平民起步，他完成了中国历史上的第三次统一。在位期间实行一系列变革，突出推崇廉吏，打击豪强。

可是，现在王莽政权已经没有人买账，众人七嘴八舌地议论起来。有个人说："嗨！会不会指的是国师呀？"王莽手下有个大功臣，名叫刘歆，王莽当上皇帝把他封为国师之后，突然改名为刘秀。不知是这个国师在看到这条谶语之名，才为自己改名呢，还是国师改名后才造出这条民谣？大家正说得高兴，冷不防在旁听得津津有味的白水秀才插了一句："为什么不说是在下呢？"座上众人听了都哄笑起来。原来这位秀才也叫刘秀，是个曾在国子监里读过圣贤书的太学生，虽然生得高鼻梁、方额头，长了一部漂亮的黑长髯，是个漂亮哥儿。可是他平素谦和老实，喜欢的是种地治产，不像是一个干大事的人。说者是戏谑，哄笑者自是不信，倒是在旁静听的邓晨喜在心头。后来，这位邓晨跟定这个老实秀才，最终成了个金玉满堂的皇亲国戚。

预测功臣的谶语

南阳郡首府宛城，有个李守，曾在王莽手下当官，很懂得星占谶纬的一套。他对儿子李通说："刘氏当兴，李氏为辅。"这简直就是教

世界大事记

高句丽瑠璃王卒，子无恤立，是为大武神王。

《后汉书·光武帝纪》

刘秀　谋虚
李通　平和

人物　关键词　故事来源

儿子，一旦天下大乱，就投靠一个刘氏宗室，可以谋得个好前程。当"新市兵"和"平林兵"大肆活动时，南阳郡也骚动起来。李通的堂弟李轶悄悄对李通说："现在到处动乱，刘家皇室又该复兴起来。南阳地区的刘氏宗室，只有刘縯兄弟有仁爱之心，能够和民众相处，可以去和他们共谋大事！"李通一听，正中己意，就笑着说："这也是我心中所想的！"于是两李一起去与刘秀取得联系，只要舂陵子弟一动手，李氏家属就一定来响应。

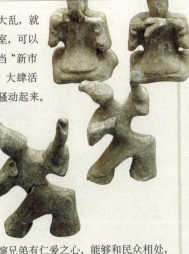

谁是谶语的受益者

可是，当刘縯亲自去发动白水乡的舂陵子弟时，那班汉高祖的后代都恐惧万状，纷纷躲了起来，说是"刘縯想害死我"！后来，舂陵子弟看到刘秀也穿上象征汉王朝的大红衣裳，头戴武将用的大帽子，走来走去，挺神气的，都大吃一惊地说："噫！这个胆小老实的秀才也起来干了！"于是大家心中稍定，一时投到

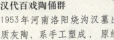
汉代百戏陶俑群

1953年河南洛阳烧沟汉墓出土。高14.5～5.1厘米。泥质灰陶，系手工塑成，原绘有朱、黑、白三彩，现已基本脱尽。9个姿态各异的陶俑组成了一个人数虽少但内容丰富的百戏场景。这些陶俑有双手作吹奏姿乐俑，有扶耳作听的俑，有凸腹如球的气功俑，也有一个倒立俑。绚丽多彩的"百戏"活跃于汉代朝野，容纳了丰富多样的歌舞和杂技。以技为重，以力为主，气势昂扬，充满了无限生机，是时代精神的象征。这组百戏陶俑群再现了汉代百戏表演的场面，也显示了汉代泥塑匠师在造型工艺上的高超技艺。

刘縯手下的舂陵子弟有七八千之多。刘縯开始用军法把部众组织起来，自称"柱天都部"，联系周边武装力量准备起事。

刘縯贸然想攻打郡府宛城，不料刚到南阳县城南一个叫小长安的聚落，就遇上守将甄阜、梁丘赐的部队。当时大雾弥天，舂陵兵不知虚实，贸然接战，被官军杀得大败。当时舂陵军和农民军一样全家从军，一面求食，一面防备官军袭击家眷。刘秀初上军阵，见势不妙，就单骑夺路而逃，路上碰到妹子伯姬，就两人共乘一骑，奔驰而去。走了不久，又遇见大姐刘元，刘秀急忙下马，让大姐上马。刘元早年嫁与邓晨为妻，见的事多，就挥挥手，说："你们走吧！这样是

〈历史文化百科〉

〔谶语〕

谶语是一种带有浓厚的宗教迷信色彩的预言，如王莽为了给自己制造政治声势，使人编造"告安汉公莽为皇帝"、"书言王莽为真天子"等谶语；刘秀起兵后，为号令民众，也使人制造了"刘秀发兵捕不道，卯金修德为天子"等谶语。东汉时期，谶语盛行，成为统治民众的思想工具。

无法逃走的，何必大家都死在一块呢！"此时追兵正赶到，刘秀和伯姬策马脱身了，而刘元和三个女儿都被追兵杀死；二哥刘仲和同宗弟兄数十人，也在此役中被杀死。后来，刘縯千方百计和下江兵联合，又设法促使新市兵和平林兵一起反攻宛城，杀死甄阜和梁丘赐，总算在南阳一带站住了脚跟。

历史文化百科

〔汉代的帽子——帻〕

汉代人把头巾折成屋状，从后面收紧，就是帻。方法是先束好发髻，然后再包上布帛做成的帻。汉代帻的种类很多，有顶部隆起的介帻，有平顶的平上帻，以及未成年人戴的无屋帻。一般地位低下的男子戴帻，但也没有严格区别，上层社会的男子有时也戴帻。其中，帻的颜色标示着地位身份的高低贵贱，武将戴红帻，奴婢等卑贱者戴绿帻。

纪念"众神之魁"的太岁殿

古人发现木星由西向东十二年绕天一周，所以用来纪年。这就是岁星纪年法。但是岁星运行的轨道和人们熟悉的十二星辰的方向和顺序正好相反。岁星纪年法应用起来很不方便，因此古代天文学家便设想出一个假岁星唤做"太岁"，和真的岁星背道而驰，这样就和十二辰的方向、顺序一致，用以纪年，就成了"太岁纪年法"。但是从东汉起，干支纪年取代了太岁纪年，这假想的太岁也逐渐被神化成众神之魁，并在中国传统的择吉术中占有十分重要的地位。图为北京先农坛内的太岁殿。

刘縯威望很高，又骁勇善战，但最后还是在内讧中被杀。而看上去忠厚老实，谦和懦弱的刘秀，却在危机四伏中保存实力，利用机会，削平群雄，最后真的当上了东汉王朝的天子。当然，谁也不会相信那是谶语的灵验。而且，更有人认为："刘秀当为天子"这句蛊惑人心的谶语，很可能就是刘秀当上皇帝之后，让他的吹鼓手编造出来的。事实确也如此，汉光武皇帝刘秀，正是民谣谶语的最大受益者。

《资治通鉴·汉·淮阳王更始元年》
《汉书·王莽传》

王涉　虚伪　刘歆　恶行

人物　关键词　故事来源

〇〇四

十八年的宿案

当全国到处纷纷起事，而朝廷派去镇压的官兵又节节失利时，王莽也惶惶然不知所措。他看各地奏章都说起义军到处宣称，是"王莽毒死了孝平皇帝"，就急急忙忙把朝中大臣召集到一个叫"王路堂"的宫殿里，命人拿出一个用金色绳子捆住的盒子，当众打了开来，取出藏在里面的文书，一面抽泣，一面展示给大臣们看。

在十八年前，王莽以安汉公的身份，暗中铲除了当了没几年皇帝的汉平帝刘衎。因为是旁支入继皇位，刘衎虽然成了已故汉成帝的继承人，而亲生母亲卫氏却仍是中山国王后，不能算是当今皇帝的太后，心感窝囊，不免口出怨言。表面上谦和仁德，骨子里根本容不得半点纤芥的王莽，二话没说，就在十二月初八祭祀百神的朝会上，不动声色地给汉平帝献上一杯应景的用花椒子浸泡的酒。这杯酒中掺了慢性毒药，平帝不知就里，当场干下这杯香喷喷的椒酒，结果就此卧床不起，命在旦夕。王莽立即写好了祭天的策文，学着当年周公为生病的周武王祷天的样子，跑

一场未遂政变

新莽政权失去民心，处在风雨飘摇之中，王莽的堂弟王涉想劫持王莽，把帝位还给刘氏以免除家门之祸。

到秦畤的神坛上去祝祷，说是老天请息怒，自己甘愿代替平帝去死。王莽也和当年的周公一样，把策文放在盒子中，用金绳扎起来，藏在大殿中，并告诫大臣们不要讲出去。汉平帝不久就一命呜呼了。当时，王莽如日中天，自然没有人敢出来追究平帝的死因。现在，正好把藏了十几年的策文拿出来洗刷自己的罪名。可是，大臣们信也好，不信也好，都阻止不了各路义军的进攻，长安的局势越加不稳。

平添生气的陶房
这件陶房十分精美，最奇的是上面有三个人，两个分别在左右侍立，另一人从门内探出头来向左边窥视，带着几分顽皮的神情，构思真是匠心独运，这本是墓葬品，但这样处理灵气大增，长眠在地下的主人也不会寂寞。本来是死气沉沉的地方，却平添生气，古人想得真是周到。

>历史文化百科<

〔汉代的被子〕
睡衣，也称"衾"。《论语》中有夫子穿寝衣睡觉的记载。汉以后指"被"，睡觉时盖在身上以保暖，多以麻布和丝织品为原料，有单被和棉被之分。汉代时还有夫妻共用的"合欢被"。

东汉画像砖：宴乐

砖面正面设席，席前置二案，空隙处置有酒樽等饮食具，是一幅宴罢酒酣主客合乐起舞的画面。席上左面坐一男一女，似观赏者。左边一人挥臂鼓琴，一人扶耳静听。右下部一人挥长袖起舞，一人屈腰伸掌击鼓为节。画面充满一种愉快和谐的气氛。此画像砖为四川成都昭觉寺汉墓出土。

交出皇帝宝座 保全一门性命

这时，有个名气很大的道士名叫西门君惠，悄悄地对王莽的堂弟卫将军王涉说："眼下谶言四起，都说刘氏又要重新兴起啦！有一条谶语竟说什么'刘秀当为天子'，这刘秀可是国师公刘歆所改的名字呀！"那王涉正为王莽这个堂兄担忧，眼看王家的龙庭是坐不长了，还是趁早自己动手，把窃来的皇帝宝座

还给姓刘的去坐吧，兴许这样一来王氏家族还可以得到保全。于是王涉把国师公刘秀（歆）、大司马董忠和司中大赘孙伋邀来密议，准备就用手下的士兵去胁持王莽，勒令他主动去向刘氏宗室投降，交出政权，以保性命。不料，那个司中大赘孙伋不同意，转眼就向王莽告密。王莽就把密谋者中职位最高的大司马董忠找来责问，当场就把他处死，并让武士用特制的斩马剑把尸首也斫得粉碎。董家满门全都抓来，连同酸醋、毒药、白刃、荆棘一起埋在大坑里。这也就是让董忠一家在九泉之下，永远受着痛苦的意思。刘秀（歆）、王涉则双双自杀了事。

王莽看看连自己的家属、功臣、亲信都靠不住了，更不再指望能保住全国，当即把大将王邑召回长安，任命为大司马，专门守卫京城。王莽自己则终日忧闷，不思茶饭，只能饮醇酒、吃海鲜中最为肥美可口的鲍鱼来果腹；日常就翻阅兵书打发日子，读累了就靠在案桌上打个瞌睡，可是再也无法躺下身子，正式安睡了。

人物　关键词　故事来源

刘玄　谋略　《资治通鉴·汉淮阳王更始元年》
张卬　怯懦　《后汉书·刘玄传》

更始天子

皇位，对某些人说来，是狩猎场上可以追逐而得的鹿；对于草野的民众来说，则是自己从火中取出来后，又必须交到别人嘴里的栗。

谶言与皇位有着不解之缘

由于王莽不得人心，民间不断有谶言流传，说刘氏要复兴，所以不少反莽武装都拥立刘氏宗室为名义上的首领，作为号召。南阳一带的义军总数已达十余万，可是都各自为政，互不通气，不能统一行动，显得力量不足，也想立一个刘氏宗室为皇帝。南阳的地方豪强和下江兵王常等人拥护舂陵兵的首领刘縯；而新市、平林的将军们则坚持要立投在平林兵中的宗室刘玄，因为这个舂陵子弟生性懦弱，日后容易控制，双方争执不下。

刘縯说："诸公要拥立刘氏宗室，感谢大家的厚爱。但是，现在东方青州、徐州一带的赤眉军，拥兵数十万，万一听到咱们这里拥立刘氏宗室为皇帝，他们也立一个，这样王莽尚未打倒，刘氏宗室自己倒先打起来了，实在不利于推翻王莽的罪恶政权。况且，我们舂陵宗室一旦被拥立，马上就成为天下要对付的目标，反而要吃眼前亏。不如我们先立一个王，来指挥各路部队。一个王的权力也足以镇得住将军了。如果将来赤眉军所拥立的刘氏宗室确实很有贤德，我们就服从他，这样也一定会保住我们各人的爵位；如果赤眉军没有立宗室，那么我们在打倒王莽之后，再去招降赤眉军，到那时再称皇帝，也还不算晚呀！"刘縯这番话，实际上是个缓兵之计，由于拥立刘玄的一方人多势强，以先称王来避免把形势定得太死，将来有机会还可以再作较量。他的分析又确实在理，所以赢得许多将军的赞许。

草莽将军指定别人当皇帝

这时，新市兵大将张卬拔剑向前，猛砍地面说："犹疑不决，成不了大事！今天就是要立刘玄为皇帝，谁敢不同意！"对各路将军说来，立个宗室为皇帝只是一种号召，至于立哪一个都无关宏旨，看张卬气势汹汹的样子，都不想因此而伤了和气，于是都唯唯表示同意。

东汉石神兽

1978年河南省许昌县石庄村出土。为陵墓或其他建筑物前的装饰物，由整块石灰岩雕成。躯体似虎豹，首类狮子，昂首鼓胸，兽口张开，虎视眈眈，尤其是那弧形的长尾支撑地面，大有一跃而起之势。整体姿态矫健，从昂扬的头颈到夸张的长尾，就像跳动的曲线，呈现强烈的动感。

择了吉日，在淯水边筑起高坛，刘玄面对南方而站着，接受将军们的朝拜。素来懦弱无能的刘玄，从未经过如此的场面，而且明知许多人并不拥护自己这个皇帝，心中有愧，憋得汗流满面，举起了双手，又说不出话来。因为刘玄原来的称号是"更始将军"，所以称帝也改年号为"更始"，人们就称他为"更始皇帝"。同时，封王匡为

朱雀白虎铺首衔环画像石（上图）
此画像石出土于河南省方城县，当是刻在墓门上，故模拟宅门的样子，中间刻一铺首，为一怪兽口衔一圆环。铺首的上方站立着一只体态优美的朱雀，其左上角有一羽人左手拿着一棵灵芝，右手持一托盘，盘中有一粒丹丸，朱雀则口衔着丹丸。铺首的下方有一白虎，昂首翘尾，威武异常。

北斗星象图石像
此图为山东嘉祥东汉墓中的石洞画像。我国古代的天文理论认为，北斗星是天空的中心，三垣和二十八星宿都以北斗为中心来分野天区。而在墓中刻画北斗七星是象征帝王之车，寓意乘北斗升天。

定国上公，王凤为成国上公，朱鲔为大司马，刘缜为大司徒，陈牧为大司空，其余诸将为九卿将军。

不敢当皇帝的刘玄，居然当起了史册留名的更始皇帝；而那个暗暗企盼什么时候也弄个"天子"当当的刘秀，却仅仅被封了个太常偏将军。

江南水乡的风骨：东汉青瓷罐
青釉衬托着网纹，犹如撒向浩淼碧波的一张渔网，网结的粗状又暗示着渔人的勇猛与坚强。好一幅江南水乡的白描！

公元19年　公元19年

世界大事记

印度－帕拉亚国王冈多弗纳斯登位。

王寻　王邑　刘秀

骄傲　坚强

合汉书·光武帝纪
《资治通鉴·汉淮阳王更始元年》

人物　关键词　故事来源

○○六

更始皇帝刘玄一上台，就派遣成国上公王凤和太常偏将军刘秀等人，出境去攻城掠地，扩充地盘。诸将北上，攻入颍川郡地区，一连攻克昆阳、定陵、郾城三个县，可是在当地立足未稳，就听说王莽百万大军攻来了。

昆阳保卫战

这是新莽官兵与反莽义军之间唯一一场攻守双方都无法脱身的决战。结果，连虎豹犀象都动用起来的百万大军溃败了。这场决战写入了史册。

原来只是一场遭遇战

其实，王莽大军并不是针对更始军而来的，而是因为在东方镇压农民义军的严尤、陈茂屡屡战败，司徒王寻、司空王邑奉命征发大军去支援。这次出兵的气势异乎寻常：动用各州郡四十三万将士，号称百万大军；事先征集三十六个懂得兵法的人，随军当参谋；派身长丈余、腰大十围的长人巨无霸做守卫营垒的都尉；还把上林苑里所圈养的虎、豹、犀、象，全都驱赶上阵助威。大军从洛阳南下，准备经过颍川郡去与从东方败退而来的严尤、陈茂余部会合，正好闯到更始军的地盘上来。

更始将领眼看王莽大军气势惊人，纷纷撤回到昆阳城中。昆阳是个县城，区区弹丸之地，看来经受不了王莽百万大军的轻轻一击。将士又都是妻儿随车而行的，更是令人牵肠挂肚，都想不如散伙回到各自的家乡去。刘秀连忙出来劝阻说："我们现在兵力粮草都缺少，而敌人却是很强大，我们只有合力抵抗，也许还能有取胜的可能；如果大家分散开来，那就没有一个人能保得了性命。大部队还未攻下宛城，无法赶

来救我们，如果我们昆阳失守，那么别处的兄弟部队，也马上一起完蛋！眼前这种形势，不同心合力去打敌人，怎么能保全妻儿和财物！"众将领听了都非常生气，说："刘将军怎能这样说话！"刘秀笑笑站起身来，还未开口，探子进来报告："官兵马上就要到达北城门，军阵连绵展开有几百里长，根本看不到尽头！"诸将平时很看不起刘秀，听到如此凶险的战报，只能说："请刘将军来想想办法吧！"在刘秀的筹划下，决定由王凤、王常带仅有的八九千战士坚守昆阳城；而刘秀和五威将军李轶带十三名骑士，连夜冲出南门，到附近去召集救兵。

此时，官兵的先头部队十万人马已经到达昆阳城下，立即团团围住，刘秀等人差一点就出不了城。官兵尚未安营扎寨，主将就先到城前巡视一番。严尤久经战阵，对主将王邑说："昆阳城虽小但很坚固，现在自称皇帝的刘玄在宛城，如果赶快进军，刘玄的军队一定被打垮；宛城一旦解决，小小昆阳城自然也就降服。"可是王邑不以为然，说："我当年围攻叛贼翟义的时候，就是因为没有活捉翟义，所以受到朝廷的申斥。现在掌握百万雄师，遇到

东汉弩机（上图）
这个机器最早安装在木架上，其前部用来固定弓，箭镞置于槽中央穿过柄和机器飞出。弩本身包括三个活动的部分：阻塞物、瞄准器和铜制的壳。

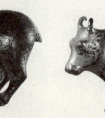

城邑而不能攻下来，就无法显示我的军威！我们应当先把这个小小城池的人全都杀死，然后踏着血迹进军宛城，前歌后舞，岂不痛快？！"于是，官兵围城几十匝，军阵中安置了数百座营帐，金鼓之声传到几十里之外。官军又是挖地道，又是用撞车冲城

三层骑马俑和四层灯盏的骑马俑饰陶灯

整个陶灯造型奇特，装饰复杂而有规律。在这个不足50厘米的树桩座上，共塑了三层四组骑马俑，四层十只灯盏，不愧是一件汉代陶瓷灯具的珍品。

其乐融融的动物世界

看到这些东汉雕塑，仿佛置身于其乐融融的动物世界，它们个个神气活现，迈着轻盈或稳重的步子，和睦相处，只有温馨，没有欺诈。

墙；万弩乱发，箭像雨一样射入城中，城里人出户打水，也要背着门板来挡箭矢。王凤等人请求投降，王邑、王寻也不准许，满以为攻城而入，血洗昆阳只是早晚的事。

两军相争勇者胜

刘秀一行出得城来，直奔郾城、定陵，把两县的兵力全部拉出来。诸将还想留下一些人马守护财物。刘秀说："今天能打败敌人，得到的珍宝比现有的财物多一万倍；如果被敌人打败，脑袋也保不住，还有什么财物！"于是，两县义军齐头并进，直奔昆阳城前。刘秀亲自领兵千余打头阵，在官军营前四五里的地方挑战。王邑、王寻随手派数千人马出营应战。刘秀趁官军站脚未稳，马上领兵冲击，斩杀官兵数十人。更始诸将都高兴起来，说："噫！刘将军平时看见小股敌军也胆怯得很，今天看到大敌，反倒勇敢起来，真是

〉历史文化百科〈

〔没有人身自由的农民：徒附〕

徒指服劳役的人，附即依附，称指在庄园里为主人进行辛苦劳作的农民。东汉时随着土地兼并的日益加剧，大量的自耕农失去土地，沦为地主庄园里的徒附。他们没有人身自由，没有独立户籍。大部分劳动成果都被其主人占有。

汉墓里的壁画

东汉的绘画已经具有相当的水平，画家很会运用夸张变形的手法，在这幅壁画中马腿细得如同树的枝条，车盖就像架上的藤条，前排还有一排肥壮的骏马，一动一静，处理得多么巧妙。

奇怪！刘将军你再当先锋，我们在后帮助你！"刘秀果然再次冲锋，官兵又败退，这次被杀上千人。更始军看到连连取胜，胆气更足，个个能以一当百，直攻官军的中军大营。

王寻、王邑看见这批衣甲不全的农民军，以为没有什么能耐，就亲自点了一万人马来巡营，命令其他部队不要妄自出动，想要单独与更始军交手。不料两军交锋，官军失利，而营中大军又不敢擅自来救。官军颓势一露，更始军就拼命猛冲过来，官兵阵脚大乱，在乱军中王寻被杀。昆阳城头固守的农民战士，看到官军营中旌旗紊乱，杀声冲天，知道救兵已到，就一声鼓噪，开门出击。更始军里应外合，直杀得官军营一片混乱。官兵溃败，奔逃中相互践踏，死伤无数。正巧那天雷雨交加，狂风把屋瓦也吹得到处乱飞；城北的滍水决岸泛滥，溺死官兵数以万计，连随军而来的虎、豹猛兽，也吓得瑟瑟发抖。王邑、严尤、陈茂只得带着骑兵，踩着塞满滍水的尸体，涉河向北逃走。留在战场上的官兵军备辎重，更始兵士搬了一个月也没搬完，最后只得一把火烧掉。

从此，更始军军威大振，各地民众都起来响应，接受更始的年号，表示臣服。

○○七

刘縯在荆州、豫州一带的义军中很有威望，只因为新市、平林系统的将领们恃势拥立刘玄，才失去当皇帝的机会。

王莽的悬赏

但是，南阳地区的地主豪强是很不服气的；而那些与更始军拼死对抗的县邑，只要刘縯一到来，偏偏就立即开城归降。甚至早在更始称帝之前，刘縯曾自称柱天大将军，领兵攻打当时的军事重镇宛城，王莽听闻后大为震惊，高价悬赏刘縯的人头：封爵为上公，封采邑五万户，赐黄金十万斤。这里要说明，王莽所赐的黄金是铜。本来汉朝已用以铢两计数的白银和黄金来作为封赏之物，因为王莽喜欢复古，仍用先秦时代称为金的铜来代替黄金，所以能够一次赏赐十万斤之多。另外，王莽还命令长安城内的官署和天下各地乡的署所的门厅旁，都要画下刘縯的画像，每天早上要对准像射箭。这

火并刘縯

新莽政权本能地把最强有力最具威胁力的刘縯当作最可怕的对手；庸弱的刘玄在当上皇帝后，也横生出皇帝的尊严。刘縯的厄运由此而生。

一切都引起更始军中新市、平林诸将的不安和戒心。

刘縯的佩剑

攻拔宛城和保卫昆阳两役之后，刘縯兄弟的威名更加响亮，更始帝和支持他的新市、平林诸将感到威胁更加严重了，商量着要先下手除去刘縯这个对手。胆小而心细的刘秀已经嗅出对自己兄长不利的空气，就对刘縯说："事情可不妙呵！"胸中坦荡而又粗心大意的刘縯却一点感觉也没有，笑笑说："他们从来就是这样的！"在一次宴会上，更始帝要拿刘縯所佩带的宝剑来欣赏。古代男子佩剑，不仅是为了防身，更是一种情趣、风度，佩剑的锋利、装饰的精美，则成为男子汉的时尚和爱好。所以，刘縯不假思索，

极富动感的鎏金小马（左图）
这只鎏金的小马造型多么奇特，身高超过了身长，也许您觉得这是一种夸张，其实是动感所致：四条腿均向右倾斜，头微向上昂，似乎是发现了什么，在它的前方，也许是有美草，让它兴奋不已；也许是有猛兽，让它警觉。总之，它是发现了情况。

表现浪漫主义的东汉绘画（右页图）
东汉是一个思想非常活跃的时代，在绘画作品上，足可以表现出浪漫主义的特点。奔驰的马车，威武的猎人，和那拼命逃生的野鹿，形象地再现了当时生活的场景。画的左上端有一轮红日，正中一只神鸟，和神话传说中的描绘一样，不禁让人神往。以往的画像砖多为单色，这件彩色的珍品，真是不可多得。

历史文化百科

〔全民性重大礼仪活动——上巳日〕

上巳日指三月上旬的第一个巳日，通过洗浴来驱除疾病，是东汉时期全民性的重大礼仪活动。由于活动时间较长，人们通常要携带食物作为午餐，洗浴结束后将一些食物投放在水中，作为给神灵的祭品。此后，一些文人墨客、富豪贵族，甚至是皇帝大臣借机举行各种宴会，欢聚游乐。

公元23年

公 元 23 年

世 界 大 事 记

托勒密助罗马镇压塔克法里纳斯起义。

《资治通鉴·汉淮阳王更始元年》

《后汉书·刘缤传》

刘缤

朱鲔 李轶

恐惧 阴谋

人物 关键词 故事来源

037

就让人把佩剑呈上，可是在旁一个名叫申屠建的御史，同时把自己所佩带的玉块也呈给更始帝。会后，刘縯兄弟的舅舅樊宏对刘縯说："当年项羽和我们的高祖皇帝在鸿门相见时，酒席上谋士范增曾举起所佩带的玉块向项羽示意，就是想在席间杀死高祖皇帝。今天申屠建的举动，看来也不怀好意。"刘縯还是一笑了之。

不妙的事继续不断地发生。本来与李通一起来辅助舂陵子弟刘縯兄弟的李轶，现在反而去向更始帝身边的显贵朱鲔等人献媚拍马。刘秀看在眼里，心中又犯了嘀咕，常常提醒刘縯："这个人再也不可以相信了！"可是，刘縯像被鬼迷了一般，还是毫不在意。

二刘遭殃

祸事终于发生了。

刘縯手下有一员猛将叫刘稷，也是刘氏宗室的后代，他经常冲锋陷阵，勇冠三军，名声很响亮。他正

汉代官像的出行场面
这是清代光绪年间出土的东汉画像石拓本。画面中的主人公"君车"，也就是使君，相当于州的太守。他的外出场面浩浩荡荡，其后一大批大小各级官像前呼后拥，侍奉左右。它充分表明了汉代官宦阶层的浮华奢靡。

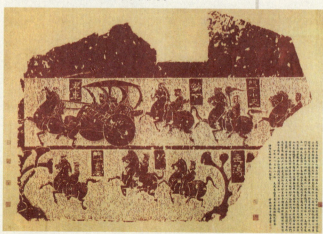

自娱自乐的弹唱姿态：抚琴俑
这具鼓瑟俑头戴平顶帻，内穿圆领衫，外着右衽广袖长服，踞坐而抚弦。从人物造型看，此乐俑正仰首右侧，面露微笑，引颈而歌，似乎正在边弹边唱。

带兵去围攻南阳郡的鲁阳县，听闻诸将已经拥立更始将军刘玄为皇帝，就怒气冲冲地说："本来发动大家起来打天下的是刘縯兄弟，现在这个更始将军算什么东西！"他的话传到宛城，更始帝和朱鲔等一帮人心中很为忌怒，就故意发布一道命令，任命刘稷为"抗威将军"。刘稷拒不接受这个委任令，更始帝就以抗命为理由，立即命令朱鲔等数员大将，带了几千人马去逮捕刘稷，想要处死他。刘縯急忙来据理力争，这时候李轶、朱鲔两人就怂恿刘玄，连刘縯也一起逮捕，并且当天就杀害了二刘。

更始帝刘玄随即把自己的堂兄刘赐封为大司徒，接替刘縯留下的空缺。另外，为了稳住刘秀，把他封为武信侯，并任命为破虏大将军，算是一种抚慰。

朱弟　张涣　杜吴
怨愤　报复
《汉书·王莽传》《后汉书·光武帝纪》
人物　关键词　故事来源

〇〇八

更始军经过一番血腥的内部清洗之后，开始北上到京师地区与王莽朝廷正面作战：先是由定国上公王匡领兵攻打驻守洛阳的新莽王朝的重臣太师王匡和国将哀章；同时又派新委任的西屏大将军申屠建和李通的兄弟李松等人攻打武关，去侧面威胁长安。京师地区顿时震惊，人心浮动。王莽更是忧心如焚，不知所措。

场面浩大的车骑出行壁画
贵族出行时马车的数量规模是作为身份地位的象征指标的。图中四对车马齐头并行显示了家族的显赫和富贵。

王莽之死

直接攻下长安城的不是更始军，而是城外的豪强地主和城内的青壮市民，直接在渐台杀死王莽的则是商人杜吴。整个新莽王朝的兴衰，完全是一场人心变化的游戏。

同囚徒歃血为盟

刚占领了武关的王匡、邓晔义军和李松率领的更始军联合，一下子就攻到京师所在的三辅地区。长安四周各县的大姓地主都乘机起兵，自称是汉朝的将军。当时有谣言流传，说是天水的隗氏势力要来攻打京城。这些"汉"将军都急急忙忙地想抢先入城，一面可以立大功，一面可以抢掠财物。面对如此混乱，王莽无计可施，就大赦长安城狱中的囚犯，把武器发给他们，并杀了猪，与囚犯一起歃血为

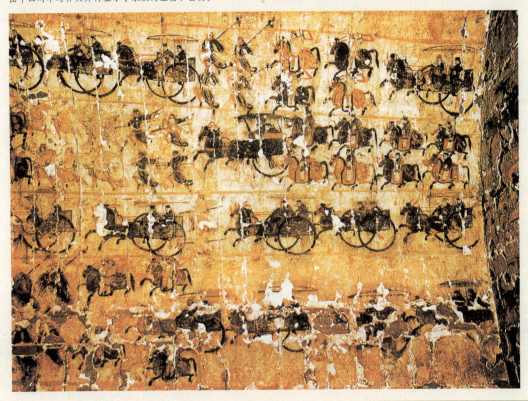

盟："如果反叛新莽皇室，土地社鬼会惩罚你的！"由新任命的更始将军史湛带领出城，去抵挡那批自封的"汉"将军们。可是这批拿了刀枪的囚犯，刚出城越过渭河桥，就一哄而散，史湛只能独自一人返回长安城。

这时候，城外的"汉"将军，带着徒众到处乱窜，把王莽父祖妻儿的坟墓都挖了，里面的棺椁都一把火烧掉。还把国师公刘歆花了大力气，动用无数钱财所建造的"九庙"、"明堂"、"辟雍"等豪华雄伟一时的高大建筑，也全部烧毁了，火光照映在长安城中，引起市民一片恐慌。

城外的乱军终于从长安城东北角的宣平城门进入城内。大臣张邯被乱兵杀死，王邑、王林、王巡等则带兵赶去保卫皇宫。此时，暮色降临，所有官署和府第里的人都乘机逃散，到处藏匿起来。

宫中的激战

城里百姓中有两个青年，一个名朱弟，一个名张鱼，他俩担心在这政权真空的时候，众人的家室也一起被抢掠，索性先自行组织起来，和进城的乱兵联手，去攻打皇宫。这时市民去放火烧未央宫的便门，用大斧砍宫门，高喊："反虏王莽，何不出降！"大火延烧到后宫。

王莽被火势逼得在宫中到处乱躲乱藏，可是他躲到哪里，火就烧到哪里。他还故作镇静，学着孔子的口吻说："天生德于予，汉兵其如予何！"最后，王莽被大火逼到未央宫沧池中的渐台上，等待最后命运的到来。

大臣王邑和儿子王睦对王莽倒是一片忠心，日夜与进城的乱军作战。听说王莽被困在渐台，就双双拼死杀人重围，辗转来到渐台，守在王莽身边。这时乱兵已团团围住渐台，台上王邑等人用弓箭与乱兵对射，到箭矢射尽时，双方就开始肉搏作战。王邑父子和王巡、苗䜣、唐尊、王盛全都格斗而死。这个拼死保驾的王盛，就是十余年前，哀章假造谶言推戴王莽为皇

帝时，一起侥幸被拉入功臣行列的在长安市场上卖烧饼的那个王盛，这次，他终于以死来报答他的主公王莽。

当卫士和近臣死尽之后，王莽就直接面对冲杀过来的长安市民。商人杜吴首先上前，一刀刺死了这个新莽皇帝；另一个被反莽风潮卷入冲击皇宫人群的校尉东海公宾，倒是一个懂得如何领功的内行，快速抢上前去，用刀割下王莽的脑袋，转眼就溜出人群。周围的军士，纷纷效仿，上前争夺王莽的尸体，你矶一段，我砍一块，争来夺去，自相残杀了数十人。而东海公宾手持王莽的首级，赶到更始军李松、邓晔所派遣先锋校尉王宪处去领赏。过了几天，王莽首级被转送到宛城，更始帝刘玄就下令把王莽的首级挂在市中心示众。当地百姓都扶老携幼地前来观看，拿起王莽的首级又是摔又是打的，甚至有人切下王莽的舌头吃了下去。

> 历史文化百科 <

〔牢固的封建隶属关系——故吏〕

东汉时，选拔官员实行由地方刺史和州牧举荐的形式。被举荐者即使以后官至中央，也对此前推荐自己的人自称故吏。故吏如同家臣，他们与辟举者私下结恩，为其效忠。他们之间形成一种较为牢固的封建隶属关系，甚至在其主人死后，故吏都要服三年之丧。此后的门阀士族，因累世公卿，门生故吏遍于天下。

这个以欺诈手段骗取天下的王莽，五十一岁时当上摄政大臣，五十四岁登上皇帝宝座，六十八岁时被切成碎块而死。他所建立的"新"王朝，在中国历史上仅存在了十五年，而且历史上没有一个史家愿意为这个短命王朝撰写专门的国史。新莽王朝的历史是以《王莽传》的形式而列在《汉书》的末尾。

东汉墓前双辟邪

东汉时的墓葬前多立石兽以镇守墓穴，保卫墓主不受邪鬼侵犯，这种石兽称为"辟邪"。此二辟邪出土于陕西咸阳，为虎和狮的结合体，一雌一雄，昂首挺立，威风凛凛。两兽轮廓线条饱满，富有张力，是东汉石雕的代表作。

刘秀北上

让刘秀持节北上开拓河北地区是一个契机：更始内部放走了一个潜在的对手；刘秀得到自我发展的机会；中兴功臣们开始崭露头角。

强颜欢笑　等待时机

话说刘秀一听说兄长刘縯被更始帝刘玄伙同新市、平林诸将杀害，二话不说，从昆阳城直奔更始军的临时首都宛城。他对前来迎接的刘縯原司徒府的官属的吊唁不加理会，只是一味说自己的过失；对保卫昆阳的大功只字不提，甚至不为刘縯服丧，和平常一样吃喝谈笑，仿佛什么事也没有发生过一般。看到刘秀的一番表态，更始帝刘玄倒也心中有愧起来，大家都是舂陵子弟，自己做得有些过分，于是就拜刘秀为破虏大将军，封武信侯。

其实，刘秀正是满肚子的怨毒，无法宣泄，怕的是自己如一不小心，也会赔上性命，那么什么"刘秀当为天子"就只是一个梦，杀兄之仇更无从报起。于是，这个往日的懦弱长者，白天嘻嘻哈哈对人，晚上独自在被窝里咬牙切齿，一心想摆脱更始军的控制，另找一个能出头的天地。

王莽死后，更始军的成国上公王匡在洛阳生擒了王莽的守将太师王匡和国将哀章；奋威大将军刘信在汝南杀死了在当地称皇帝的刘氏宗室刘望，收复了那里的郡县。更始帝想到洛阳这个大城市去当皇帝，就派刘秀为代理司隶校尉，先期到洛阳去整修那里被战火破坏了的宫殿和官署。于是，刘秀就乘机建立了自己的官署和僚属班子，以汉官的身份进入洛阳。

开始时，洛阳附近的民众，看到更始军的将士都头戴官帽而身穿妇女的杂色衣裳，都不禁暗暗发笑。等到刘秀所率领的司隶校尉府属到来，一个个服色整齐，都非常高兴，特别是那些旧日的老吏员，都流着眼泪说："想不到今天能够再见到汉官威仪！"因此，不少有见识的人，都悄悄地倾向于刘秀了。

光武帝的陵园

刘秀陵墓位于河南省孟津县白合乡铁谢村西南。其陵南依邙山，北临黄河，松柏葱郁。陵园中矗立着一座周长约487米，高约15米的巨大土丘，传即刘秀的墓冢。墓冢上下及四周现存古柏约1500棵，相传植于唐代。

公元23年 公元 23 年

世界大事记 著有《地理学》、《历史概论》的希腊学者斯特拉波去世。

《后汉书·光武帝纪》
《后汉书·邓禹传》

韬晦 机遇

刘秀

人物 关键词 故事来源

使斩平高

寇恂

更始政权的生存空间

更始皇帝来到洛阳坐龙庭，首先就要让全国的地方官员来归顺，所以就派出许多使者，到各郡去宣称："先降者复爵位！"

更始使者来到幽州上谷郡，原王莽政府所任命的上谷太守耿况前来迎接，并呈上太守印绶，请使者验明正身，以表示归顺。使者收下了印绶，过了一夜，还没有归还的意思。做地方官不能没有印信，没有印信就无法处理郡的事务。于是，郡功曹寇恂就带了士兵去见使者，请求归还印绶。使者不作回答，寇恂就强行夺过印绶，把系着大印的绶带挂在

寇恂智取高平

东汉初年，光武帝刘秀平定西北，灭掉隗嚣，而隗嚣的旧部高峻却拥兵万人，占据高平，与汉军对抗。建武大将军耿弇率兵围攻一年，没能见效。刘秀亲自率兵攻之，也没攻下。于是，刘秀派寇恂前往迫降。寇恂来到高平，高峻派遣他的军师皇甫文前来相见。皇甫文对寇恂傲慢得很，寇恂大怒，将皇甫文斩首，又派人对高峻说："你的使臣无礼，已被我斩杀，你要投降，就赶快降；若不打算投降，就派兵固守。"高峻听了十分恐惧，打开城门投降。人们问寇恂为什么杀掉高峻的使节而高峻反而投降了？寇恂说："皇甫文是高峻的主心骨，杀了他高峻就失去了主心骨，所以会投降。"众人都佩服寇恂的见识。左图出自清末民初马骀的《马骀画宝》。上图出自清刻本《新刻批评东汉演义》。

耿况的身上。使者没有办法，就顺水推舟，以皇帝的名义颁印给耿况。此事显示出北方还未真正归顺于更始政权。

另外，宛城人彭宠接受更始命令，以偏将军的身份代理渔阳太守，但是心怀观望。赤眉军接受更始使者的招降，樊崇等二十余人到洛阳，被封为列侯，但没有封地，只得返回自己在濮阳的大营，成为仍旧故我的义军。另外，王莽的旧将李宪，在颍川自称淮南王。原来梁王的儿子刘永，受封为梁王，驻守在睢阳，可是暗中和当地武装颇有联系。

一纸委任状　正中逐鹿心

更始帝面对极为不稳定的局势，想派一员信得过的大将去开拓并镇守黄河以北的地区，才能居高临下地控制东方局势。刘玄的叔父大司徒刘赐说："宗室子弟中，只有刘秀堪当大任。"朱鲔等人则认为不妥当。因为叔父的坚持，刘玄才下令让刘秀以代理大司马的身份，拿着符节，渡过黄河，去招抚河北地区。

更始帝的这个任命，对刘秀来说正是求之不得，这一纸代理大司马的委任状，顿时打开金锁走蛟龙，刘秀立即渡河而去。

一些不愿与更始军合作的有识之士，也看到刘秀的北上，正是自己攀龙附凤，谋求功名利禄的时机。不断有佼佼者加入到刘秀的麾下：南阳人邓禹，手持手杖，日夜兼程，追赶刘秀一行，终于在邺城得以相见，见面第一句话就是"邓禹要在明公手下立下尺寸之功，以求名垂青史"；宋子人耿纯，在邯郸道上截住刘秀，毛遂自荐，成为不离左右的亲信；原先的部属，现任的大司马主簿冯异，更是单刀直入，要刘秀

祭遵不徇私情

西汉末，刘秀起兵，川人祭遵任门下使。刘秀征河北，祭遵任军市令。刘秀舍中儿犯法，祭遵依照法律将其处死。刘秀听说后勃然大怒，命令将祭遵逮捕。刘秀的主簿陈副劝道："您不是想做到军纪整齐划一吗？如今祭遵执法不避尊贵，正是您所希望的啊！"刘秀大悟，不但没逮捕祭遵，还封他为刺奸将军。此图出自清末民初马骀的《马骀画宝》。

趁天下并不信任更始政权，人心未稳，极易接受慰抚的时机，抓紧到各郡县去招揽人心。

于是，这一群利用更始帝授予刘秀的权柄，急急忙忙要摆脱更始帝控制的人，奔向别的政治势力尚未插人的黄河以北的广大地域，去探索他们的冒险之路。

《后汉书·刘玄传》
《资治通鉴·汉淮阳王更始元年》

赵萌　平庸
李松　享乐

人物　关键词　故事来源

更始帝和拥立他的将军们，虽然已经从宛城转移到洛阳城建立朝廷，可是他们的眼睛还是盯住一向为天下中心的长安故都。洛阳充其量只是个地处中原的军事要塞，其城垣宫室都远远不及数百年的皇都长安。君臣们日夜注视着从长安城带来的消息，内心把定都长安作为他们这场政治赌博的终点站。

更始定都长安

定都长安是更始政权走向腐朽崩溃的起端。"灶下养，中郎将。烂羊胃，骑都尉。烂羊头，关内侯"，正是政治上失去民心的反映。

长安完好　等待新君

更始二年（24）正月，镇守长安城的申屠建和李松，请朝廷迁都长安。

李松、申屠建进长安时，京城周围各县的地主豪强，纷纷冒充汉将军，攻打皇宫，杀死王莽，都希望更始政权能每人都赏一个爵位。不料，申屠建一到，就先把和大家臭味相投的王宪斩首示众，又扬言"三辅地面的人都非常奸猾，合伙把自己的主子王莽也杀掉

汉长安城图

此幅"汉长安城图"出自于南宋程大昌所著的《雍录》中。《雍录》是一部地理著作，共十卷，记录了关中从周秦至唐五代的城苑、宫殿、山水、郡县、庙陵、园圃、寺观等，以及汉代用兵攻取守备要地和职官、军制的变迁。全书考证颇为详密，且收录了32幅地图。

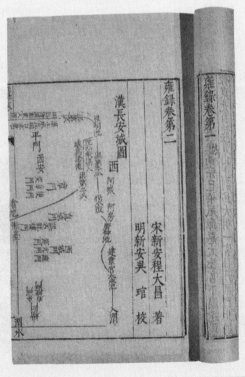

管理集市贸易的"长安市长"

汉代时，长安、洛阳、邯郸、临淄、成都等这些大城市都设有"市长"一职。当然，这个市长与现在所说的市长不同，他主要管理的是城市中的集市，即商业贸易区。图为东汉时的"长安市长"印的印文。

了"，言下之意还要对这批冒牌的"汉"将军下毒手。于是，京城一带的小吏和百姓都很惊慌，纷纷以险隘为基地，屯聚起来，进行抵抗。申屠建等人也奈何他们不得，所以希望朝廷迁来，也可一起解决这个棘手的难题。

更始帝来到长安，看到只有未央宫被焚毁，其他的宫殿、设备、仓储都完好，城内的官署和市井坊里都一切安堵如故，不由心中大乐，立即住到并未受损的长乐宫去。上早朝时，更始帝到前殿受朝拜，原宫中的郎官吏员都有秩序地站列在殿前的庭中。从未见过真正皇帝朝仪的更始帝刘玄，又露出一副猥琐相，红着脸、低着头，手指在座上刮来刮去，不敢正视上朝的臣子。当有几个迟到的将军走进殿时，更始帝竟脱口而出说："抢到多少东西？"更始军的将军们不觉得有什么不妥，而那些留用的侍从和宫省里的老资格吏员都惊呆了，张大眼睛，你看看我，我看看你。

大封功臣为王

定都长安后，李松、赵萌等一班新贵，首先提出要大封功臣为王。老元勋朱鲔却不同意，说更始帝是汉高祖皇帝的后代，要按汉高祖的"非刘氏不王"的遗训办事。更始帝在封王问题上却不含糊，来一个两不为难：先封叔父刘赐和刘信等六个刘氏宗室为王；然后再封拥立自己的功臣王匡、王凤、朱鲔、王常、申屠建、李通、李轶等十四人为王。只有朱鲔不愿为王，而被任为左大司马，执掌兵权。

实用美观的绿釉陶灶

这只西安灞桥出土的陶灶体现了东汉灶的典型形制。灶身长方体，尾端为圆弧形，侧面开有小孔用以添加燃料，灶面上凿有两个火眼并且竖一烟筒。灶体饰有简单花纹，施以绿釉，体现了古人在实用器物上的审美追求。现藏陕西省博物馆。

更始帝的堕落

更始帝派朱鲔、刘赐、李轶去镇守东方，李通在故地镇守荆州，王常去当旧都宛城的太守，天下就太平了。再任命李松、赵萌这两个心腹新贵为丞相和右大司马，共同执掌内政，就连朝廷也可以不管了。更始帝娶赵萌之女为夫人，日日夜夜在宫中大摆筵席，沉醉不醒，不见大臣。大臣有事，只能通过侍中，到帐帷前传话。赵萌更依仗国丈之宠，一手掌握生杀大权，有人敢说赵萌专横，更始帝拔剑就砍，从此天下

吉祥的锦手套

这只手套出土于新疆和田墓葬中，已经残破不全，只留一指在外。手套长方形，绢质锦面，绣以彩色花纹。手套上有"延年益寿大宜子孙"八字，体现了人们的美好寄托。

"灭火东井"灰陶井

西汉晚期至东汉早期灰陶井，河南偃师中州大渠出土。长方体，空心。井台四角做出仿木十字交搭的接头，台上左右对称有二长方形孔，用以安装井架。井架上有四阿式井亭，上覆瓦垄。另有一个带绳槽的滑轮，两个汲水小罐。井栏体四面均模印有画像图案。其中一画面中部为一人左手执瓶，右肩扛长竿作疾走状，一只雄鸡紧跟其后。画面两边各模印二字，合为"灭火东井"，据此推断，至迟西汉晚期至东汉早期已有灭火专用井。

无人敢说话。更始帝的亲信又趁机胡乱封官许愿，结果宫中的小厮、伙夫都有官爵，长安城中传流民谣说："灶下养，中郎将。烂羊胃，骑都尉。烂羊头，关内侯。"

从此，关中地区人心涣散，各地的叛乱纷纷而起。更始帝进入长安，实际上就是更始政权崩溃的开始。

>历史文化百科<

〔同性之间的礼仪——执手〕

执手即握手，通过这种方式传达信任或亲近等信息，显示双方的亲密程度。在"男女授受不亲"的封建礼教下，通常是同性之间的一种礼仪，异性之间不能在大庭广众之下握手。

真假刘子舆

王莽死后，各地的野心家纷纷聚众起兵，以参加这个千载难逢的政权大酒筵。汉景帝的第八代孙刘林，经常与赵、魏一带的地主土豪来往，在邯郸城中遇到一个卖卦的人，名叫王郎，他自称是汉成帝的儿子刘子舆，使刘林大为惊讶。因为早在十三年前，王莽称帝的第二年，各地吏民正忙着献上祥瑞之物，为新莽王朝歌功颂德，可是竟然有人在大白天，拦住一个朝廷命官，声称"自己是汉朝宗室刘子舆，是汉成帝小妻所生的儿子。刘氏要复兴啦，快去把皇宫打扫干净"！这个自称刘子舆的男子，当时就被王莽抓来处死了，现在竟又有人自称是刘子舆，真是骇人听闻。王郎解释说自己是真的刘子舆，王莽杀掉的那个是冒牌货。自己的母亲是汉成帝身边的歌女，得幸于成帝而有了身孕，赵飞燕姊妹知道后要想加害她，后来在临盆时，用别处弄来的婴孩调包，这才留得刘子舆的小命。听听王郎的陈词，看看他的风度，见多识广的刘林倒真的相信了这番话，就与赵地的大豪强李育、张

僭主王郎

正因为西汉王朝还未完全失去民心，所以在反莽大风潮中，有那么多的刘氏宗室参与其中，有那么多的皇位追逐者冒称刘氏宗室。

参等人商议，想拥立王郎为皇帝。

正好赵、魏一带的老百姓，都在传说东方的赤眉军要渡过黄河，到赵地来。刘林等人就趁机制造谶言："赤眉当立刘子舆"，借此试探民众的想法。本来已是心中惶惑的赵地百姓，果然对这条谶语深信不疑。刘林等人见民心已被引动，就在一天清早，率领数百人骑马驾车闯入邯郸城，一直来到原来的赵王府，当众拥立王郎为天子。王郎立刻派使者去幽州、冀州招降当地官员，又把檄文散发到那里的郡县。于是，赵地以北，辽东以西的广大地域，都纷纷响应，声势十分浩大。

刘秀正在此时来到河北地区，以更始政权的名义招抚州郡，不可避免地与王郎势力发生剧烈的碰撞。

假宗室压倒了真宗室

刘秀渡河不久，就听说王郎称天子，急忙要到最北面的幽州去招抚那里的州郡，半路上在卢奴县，遇到上谷郡太守耿况的儿子耿弇。原来，耿弇奉父命取道冀州去长安，要向朝廷述职，在宋子县地界传来王郎起事的消息。从吏孙仓和卫包说："刘子舆是成帝的血脉，放下他不去归顺，大老远的到哪里去！"耿弇说："这

汉代龙首烟囱红陶灶

1963年河南省南阳市出土。高25.5厘米、横19.2厘米、纵45厘米。在庖厨中做饭主要用灶。汉代对灶很重视。《汉书·五行志》称："灶者，生养之本。"西汉中期以后的汉代大墓中，以明器陶灶随葬之风十分流行。左图这件陶灶，为红陶胎，模制。灶为长方体，上面附三个釜，其中一釜上置甑。灶前壁高出灶面呈拱式，下方有拱形灶门，门上方有一灶神位于庑殿中央，灶后壁高出灶面成矩形，上伏昂首张口的龙头作烟囱。这件陶灶形象地再现了汉代民用灶台的建筑式样，其装饰也寓意深远，门前灶神可保佑主人生活幸福，后面用水神龙装饰，在于防止火灾。

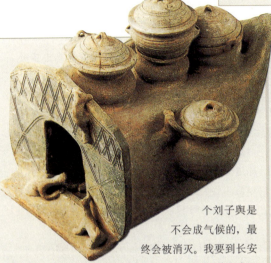

个刘子舆是不会成气候的，最终会被消灭。我要到长安去，向朝廷说上谷、渔阳有精良的军队，让我回去征发那里的骑兵去攻打刘子舆的乌合之众，正如摧枯拉朽一般！"孙、卫两人不听，还是偷偷跑去归顺王郎了。耿弇听说刘秀在卢奴，就掉头向北赶来相见。刘秀大为高兴，就留耿弇在身边做大司马长史，一起到蓟县去。此时，王郎正发公文，悬赏以十万户侯这样的高级爵位来要刘秀的人头。刘秀不知情，派功曹王霸到蓟县的市上去招兵，市场上的人都指手划脚地讥笑王霸，王霸满面羞惭地空手而回。刘秀看看情况不妙，就想折回南面去。耿弇说："王郎的兵马正从南面而来，我们怎能再向南折回呢？渔阳太守彭宠是明公的同乡，上谷太守耿况是我的老父，只要征集到这两个郡的二万骑兵，邯郸那伙人马是不堪一击的！"

正在此时，城中一片喧闹，说是邯郸方面的使者要来了，城中所有的官员都去迎接。刘秀一行人，急忙上马向南撤走。那时城门已闭，经过一番打斗才出得城门。刘秀一行不分昼夜地赶路，又不敢进城邑去过夜，好不容易到了饶阳县城，冒称是邯郸使者，才住进了驿馆。驿馆吏送上饭菜，刘秀手下已饿了

多样的汉代生活用灶（上图）
西汉中期以后的随葬明器中陶灶日渐增多，从出土的大量陶灶可看出各地生活用灶的形制差异，这件船形灶后部翘如船头形，应是我国江南各地的灶形。

很久，一见饭菜就你争我夺，驿吏看着看着就起了疑心，悄悄去敲响大鼓，谎称"邯郸将军到"。刘秀等人大惊失色，想上车逃跑，可是再一想，这样几个人，逃也逃不远，最终还是要被邯郸土军抓住的。刘秀索性慢慢地坐下身子，说："请邯郸将军进来。"这下子反倒使驿吏们傻了眼。过了一阵子，刘秀等人这才驾车离去。刘秀继续南下，一路朝夕兼程，冲霜冒雪，冻得人人的脸皮正破裂开来，历尽艰辛才来到冀州的州治信都城。

此时，冀州各郡差不多全都归顺王郎，以邯郸城为核心方圆数千里的地域，已是僭主王郎的天下，这个与刘氏宗室毫无瓜葛的僭主倒成了黄河以北地区的无冕之王。

反映东汉酒文化的灰陶酒尊
东汉灰陶加彩云气纹酒尊，虽然经历两千多年表面斑驳，但朱红、石绿、棕色仍然灿烂夺目，娴熟的笔触，丰富的色彩，还有那丰满的身躯告诉人们当年豪饮的场面是多么壮观，从中也反映出酒文化的大海狂澜。

> 历史文化百科 <

〔意义重大的腊日〕
　　汉代把腊日定在冬至后的第三个戌日，即十二月下旬。腊日的意义在当时非常重大，首先它表示团圆，不管多忙，每年的这一天都要全家围在一起吃团圆饭，同时要举行驱鬼辟邪活动和祭祀祖先，之后就是家宴，亲朋好友之间也要互相走动。

刘秀借着更始帝的名义，空手去经略河北地区，只是迟了一点，被王郎抢先一步，旬日之间控制了赵魏一带的广大地域。更始帝正式任命的大司马，抵不上僭主王郎的一介使者。刘秀和他的随从，到处碰壁，狼狈南逃。

下幽州耿弇搬兵

王郎已经控制河北，要消灭强大的邯郸势力，幽州突骑是关键，发兵支援的彭宠、耿况也是功不可没。

刘秀政治联姻

更始帝凭着他正统刘氏宗室的金字招牌，当时在洛阳城上发出的一纸公文，倒也是生效的。河北的赵、魏诸郡的大小地方官本来也是向风归顺的，而今王郎崛起，冀州郡县纷纷倒戈，倒还有信都太守任光、和成太守邳彤坚持听从更始的号令。他们困守孤城，听说更始的大司马刘秀就要

有志者事竟成的耿弇(yǎn)

耿弇(3－58)，字伯昭，东汉初扶风茂陵人。他是一位智勇双全的大将。东汉建武五年(29)十月，耿弇率军向割据势力张步发动进攻。当时，张步率军驻守于剧县，为了阻截汉军攻势，他一面急令其弟张蓝率兵进驻西安(今淄博东北)，一面又令坚守临淄，企图以相距仅四十里的两城构成犄角之势，来阻挡汉军的进攻。耿弇从"西安城小而坚，且蓝兵又精，临淄虽大而易攻"的敌情实际出发，采取了声攻西安而实攻临淄的"声东击西"战法，出敌不意地首先攻占了守备薄弱的临淄。结果，临淄一失，西安守敌顿形孤立，张蓝被迫放弃西安而逃往剧县张步处，耿弇兵不血刃地进占了西安。在后来与张步的战役中，耿弇虽身负箭伤但坚持战斗。后来，刘秀知道耿弇受伤的事，亲自带兵前来援助耿弇，没想到耿弇已经打败了张步，刘秀高兴地对耿弇说："你真是'有志者事竟成'啊！"此图出自清末《历代名臣像解》。

达本地，都喜出望外，高呼万岁！大司马刘秀却对下一步该如何做，已经是信心不足了。邳彤分析说："现在天下人心思汉，所以更始称帝，四方响应，三辅地区清宫除道来欢迎。如果明公放弃两县，返回长安，不单单河北地区丧失，还会惊动京师，威信扫尽，这可不是好办法呵！"刘秀听了，就决心留下，再与王郎斗一斗。

刘秀觉得光凭两郡的兵力，总还是不够，想与附近义军拥兵二三十万的城头子路和力子都部联合。任光认为不妥，就在邻近县邑招集到四千精兵。于是刘秀委派任光为左大将军、李忠为右大将军、邳彤为后大将军、万脩为偏将军，都封为列侯，以邳彤为前锋，向巨鹿进发，一路上发布公文，说大司马刘秀带领城头子路和力子都的百万大军从东方来，攻打这里的叛贼。各地吏民争相传告，声势很是浩大。一路上经过的堂阳、贳县、昌城、下曲阳、中山等县城，都迎风归降，大军又来到卢奴城。刘秀又发布公文要求各郡县一起发兵，共同攻打邯郸城。

汉景帝的七世孙真定王刘杨，拥兵十万，归附王郎。刘秀派骁骑将军刘植前去劝降，刘杨立即反正了。刘秀为了拉拢拥有重兵的刘杨，就逗留在真定，娶刘杨的甥女郭氏为夫人；顺手又攻下附近的元氏、防子两个大县；随后又在鄗城斩获王郎手下大将李恽，在柏人击败李育，锋芒直指王郎所在的邯郸城。

公元23年
公元24年
公元 23－24 年

世界大事记

新罗王子继位，号"尼师今"。

耿弇　彭宠　耿况　谋略　人物　关键词　故事来源

《后汉书·耿弇传》《资治通鉴·汉淮阳王更始二年》

车马辚辚乐未央

河北省安平县东汉墓壁画《君车出行图》描绘了墓主出行的车马仪仗，主要表现墓主人生前的奢华生活以及对其死后升天行乐的美好祝愿，希望死者在艺人们营造的地下世界里继续享受富足的生活。

幽州突骑

这时候，两军交锋的战场，忽然又一下子移到千里之外的幽州。

王郎眼看刘秀的正面攻击连连获胜，邯郸城前已经没有多少关隘可守了，就派使者远去上谷、渔阳，征集那边的精兵。当时幽州地区人心并不稳定，不少官员想支持王郎。正好耿弇在逃离蓟县时与刘秀失散，独自回到上谷郡的昌平县，劝父亲出兵攻打邯郸。寇恂、闵业等一班吏佐，也都劝说耿况支持刘秀。耿况担心王郎过于强大，自己无法抵御。寇恂说："我们上谷郡守备完整无缺，拥有骑兵一万，完全可以按自己的想法行事。让我去说服渔阳方面，大家合力，邯郸是不经打的！"耿况就

东汉彩绘陶乳妇俑

〉历史文化百科

〔官方信息快递机构——传舍〕

传舍，是官方设立的信息传递机构。秦汉时官方在道路沿线设置旅舍，专门为运送公文的官吏以及朝廷征聘的贤达无偿提供食宿。传舍建筑风格独特，便于确认。舍中设施齐备，并养有马匹，以解决不时之需。

公 元 2 5 年 >

派寇恂去和彭宠计议，决定双方各派突骑二千、步兵一千，一起去支援刘秀。上谷的兵马由寇恂、景丹、耿弇率领，渔阳的兵马由吴汉、盖延、王梁率领，幽州兵一出境就在蓟县击毙王郎的大将赵闳，随后又连续作战，攻下涿县、中山、巨鹿、清河、河间等大小二十二个县城，斩杀王郎的大将、九卿、校尉和士兵共三万人，最后在广阿与刘秀会合。

刘秀身在真定，可是幽州突骑却为他决胜于千里之外，喜出望外，就把上谷、渔阳来援的六员战将都委任为偏将军，继续率领各自带来的兵马，又拜耿况、彭宠为大将军，封列侯。

克邯郸　斩王郎

汉军围攻巨鹿城，可是久攻不下，反而在周边地区受挫。耿纯进言说："久久在巨鹿作战，士兵们都很疲劳，不如大部队先去攻邯郸，王郎一败，巨鹿也就不攻而下了！"于是，刘秀留将军邓满在巨鹿，自己

清宫收藏过的东汉玉卮

夔凤玉卮是一件清代皇宫珍藏过的东汉玉酒器。汉代玉器素享盛名，"汉玉"几乎成了古代美玉的代名词。这件汉代玉卮，设计新颖，纹饰精美，琢磨细润，是汉代玉制器皿中的最佳作品，可谓宝中之宝。据知，汉代玉雕酒卮，目前国内仅此一件，因而更显得珍贵无比。

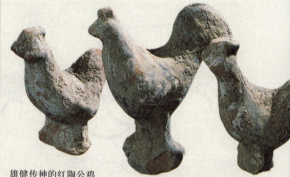

雄健传神的红陶公鸡

红陶公鸡，1956年出土于河南南阳，全系手塑成形。三只公鸡造型大同小异：尖嘴、大鸡冠、挺胸、翘尾，极富写实意趣。其中尤以居中的大公鸡最为出色，鸡冠高耸，作引颈长鸣状，分外醒目、传神。

率大军猛扑邯郸，连连击败王郎军。王郎派他的谏议大夫杜威去请降。杜威老是在刘秀面前说王郎确实是成帝的儿子。刘秀不耐烦地说："现在即使成帝复活，天下也不可能是他的了，何况是冒牌的刘子舆呢！"杜威退而请求封王郎为万户侯。刘秀干脆说："能够保存性命，已经算是不错的了！"杜威听后，一怒离营而去。

刘秀催兵加紧猛攻邯郸城，二十多天后，王郎的近臣李立打开城门，引汉兵入城。王郎趁着苍茫夜色，出城逃亡，被当初在蓟县中招募兵马、受尽市人讥笑的那个王霸发觉了，立即上马追击，斩于马下。王霸把王郎的首级，连同佩在身上的天子玺绶一起进呈刘秀，因此被封为王乡侯。

在赵、魏一带纵横一时的僭主王郎，终于结束了他那逐鹿中原的美梦。

名不虚传的绿釉水波纹陶壶（右页图）

此物名叫绿釉水波纹陶壶，真是名不虚传，那纹理，那颜色，不就是流动的深水？从精巧中产生美感是技艺的精湛，从质朴中产生美感则是艺术家心灵火花的呈现，后者无疑比前者更难。

走出迷津

胜利了会失去进取的目标，看不清前途则会失去自我，刘秀的迷津就在于此。

刘秀的困惑

刘秀刚打下邯郸城，更始帝就派使者来到军前，封刘秀为萧王，同时要刘秀立即解散部队，偕同立功的将领一起到长安去待命；另外又派出苗曾、韦顺、蔡元等去幽州，接管州治蓟城和上谷、渔阳。这等于是解除刘秀等人的兵权，把刘秀等人浴血奋战得来的幽州、冀州凭空拿去。刘秀心中郁闷，计无所出，就在王郎邯郸宫的温明殿上闷头睡大觉。聪明过人的耿弇看出刘秀的苦恼，有意前来指点迷津。

东汉前期乐舞俑（下图）
这组乐舞俑共六人。舞者男女各一位，女舞俑右腿后伸，左腿踏鼓成马步，两袖挥舞，男舞俑正拍手重踏起舞，两位舞俑的形体动作，抬手举足，刚毅有力而富于节奏性。席地跽坐的四位乐俑，前排一人鼓瑟，一人双手捧鸟埙作吹奏状，后排一人吹排箫，一人双手作击节状，这四位舞俑正合着舞蹈的节拍而演奏，这里虽然没有歌，但是有"丝竹更相和"，也有击节者。这类陶俑所展示的，正是当时宴饮娱乐中的乐舞活动。

耿弇进了邯郸宫，也不让人去通报，径奔温明殿，悄悄来到刘秀卧榻前，用平时报告军情的口吻对刘秀说："我刚才在大营查点兵马，发现各部吏员士兵的伤亡很大，请让我回上谷一次，再征发些人马来。"刘秀有些迷糊，说："王郎已经消灭，河北地面已经太平，再去征兵干什么？"耿弇一本正经地说："王郎虽然败亡了，天下的战乱才真正开始哩！现在更始使者从西而来，要我们解散军队，可千万不能听他的！铜马、赤眉那样的军团，有好几十伙；每支军团都有数十万，乃至上百万人马，作战起来所向披靡，更始帝是对付不了的，他们的失败可不会太久远了！"刘秀听到这里，猛地坐了起来，说："嘿！你说错话了，我要下令处死你！"耿弇毫不惊慌，说："大王你对我就像父亲一般，所以我才敢把心里的话掏出来！"刘秀笑着说："我是与你开玩笑，你再说下去。"耿弇这才凑到刘秀身边，说出一番刘秀不得不听从的话。

耿弇的计谋

"天下百姓吃尽了王莽胡作非为的苦，又重新想起原来刘家的好处，听说刘家后代起兵，没有人

造型生动的木制六博俑（上图）
汉代的木制六博俑，两人的神态真是有趣，一个踌躇满志，一个面带尴尬，这个似乎在说："请走！"那个仿佛在讲："不忙。"工艺品由形体造型到注重表情，当是一个难得的飞跃。

世界大事记

中亚巴克特里亚希腊王国残余自此逐渐消亡。

《资治通鉴·汉淮阳王更始二年》

《后汉书·耿弇传》

耿弇
刘秀

困惑

人物 关键词 故事来源

不是满心欢喜的，就像脱离虎口，回到慈母的身边。现在刘玄当上天子，而他手下的大将都在东方作威作福，新贵国戚则在长安城中横行不法，随心所欲地掠夺百姓财物。百姓有苦难言，反倒又想起王莽时的种种好处来。因此，我断定更始朝廷是一定会失败的！主公你的功劳名声已经为人们所知晓，以正义去与罪恶作战，整个天下可以发布一纸公文就平定下来。天下是最贵重的，主公只可自己得到，绝对不能让别人去获得！"

话说到如此，已经是到了极绝之处了，作为一个局中人，作为一个希望自己在什么时候也当上"天子"的人来说，耿弇已不必再多说一句了。刘秀马上去对更始使者说，河北地界远远尚未安定，不能接受罢兵回朝的命令。正所谓将在外，君命有所不受，更始使者只得回长安去复旨。从此，刘秀就脱离了更始的控制，为自己的皇帝宝座而奋斗了。

多功能釉陶灶

此灶四组器具有不同的分工：小釜用以温水，相当于后世烧饭时灶旁的温锅；大釜则用以煮羹制粥，甑釜组合是早期甗的替代品，是水烹汽蒸方式的具体体现，用于制作饼类干食。在同一个灶上同时烹饪不同的食品，一方面反映了汉代灶具的发达与先进，另一方面也说明汉代家庭人口的众多。

刘秀墓碑

刘秀是东汉的开国皇帝，他扫平各地割据势力，完成了中国历史上的第三次大统一。与其他帝王的陵墓不同，刘秀墓选址在黄河边上，又没有贵重陪葬品，成为少数未被盗过的帝王陵墓。陵园中间是周长近500米的墓冢，冢前树清乾隆十五年巨碑一通，上书"汉世祖中兴光武皇帝陵"。

> 历史文化百科 <

〔汉赋的佳作之一：《鲁灵光殿赋》〕

东汉王延寿作。赋以铺张的手法赞美了灵光殿的雄伟壮丽，详细描述了殿的结构布局，对殿中的雕刻技术和壁画极尽赞美之词，文势恢弘，笔调瑰奇，是不可多得的上乘佳作。灵光殿位于今山东曲阜，由汉景帝之子鲁恭王刘馀建造。

公元26年

当时，农民军团铜马、大肜、高湖、尤来、铁胫、大枪等十几股人马，由于是全家男女老幼都随军行，所以部众多达数百万，其中铜马最盛。刘秀为了对付东方这股庞大的武装势力，就拜吴汉、耿弇为大将军，拿了符节到北方去征发幽州所辖十个郡的精锐骑兵。

更始朝廷派出的苗曾已接管了幽州，他听说刘秀要来征兵，就暗中命令各郡不准发兵。吴汉只带了二十员骑士，直驰当时幽州的新州治无终城。苗曾出城迎接，吴汉当场就把苗曾拿下，斩下首级；耿弇来到上谷郡老家，二话不说，就擒下更始帝派来的韦顺、蔡充二将，此事震惊了整个幽州。于是，

吴、耿二将把幽州各郡的骑兵，全部征发出来，南下支援刘秀。

刘秀正与铜马军在巨鹿郡东北境上的鄡县（在今河北束鹿东）交战，吴汉率幽州骑兵到附近清河郡的清阳（在今河北清河东南）一带来会合，立即把部众的花名册呈报给刘秀，表示不敢自作主张，刘秀因此非常赏识吴汉的稳重、识大体。两军相持，铜马部众眼看粮草将尽，出阵挑战，刘秀又不应战，只得向南撤退，在阳平郡境的馆陶县，被刘秀新得的幽州骑兵赶上，一战而溃。刘秀正在命令收编铜马部众，恰好高湖、重连军团从东南方向赶来，就和来不及改编的铜马残余合兵一起，在蒲阳与刘秀军又展开一场大战。农民军部众虽多，但还是全线败退，随即投降。

东汉夫妻宴饮图（下图）

1981年河南洛阳发现一座东汉古墓，墓室东壁有《夫妇宴饮图》，图幅纵183厘米，横300厘米，为首次发现的东汉壁画。画面描写夫妇宴饮的情景，值得注意的是，榻前一女侍，正执勺把酒，往盘中耳杯添酒。盛酒的容器，即为汉代常见的铜酒尊器。

设计精巧、经济实用的人形铜吊灯（上图）

设计精巧、经济实用已成了秦汉以后青铜器的一大特色。这种人形吊灯，造型新奇，构思巧妙，经济实用，不愧是一件有较高实用价值的工艺品。

《后汉书·吴汉传》
《资治通鉴·汉淮阳王更始二年》

谢躬 吴汉
岑彭 权术

人物 关键词 故事来源

刘秀用计诛谢躬

刘秀在河北明火执仗地与王郎、豪强、农民军生死相拼；而与更始势力的内部争斗，则更隐蔽、更激烈、更血腥。

攻城略地 寸土必争

话说刘秀在上谷太守耿况和渔阳太守彭宠的支持下，稍稍缓过气来，就急急南下与王郎争夺赵国地区。更始朝廷并不放心河北的局势，派出尚书令谢躬，率领六将军来一起讨伐王郎，这里面自然含有监视刘秀的意思。

可是谢躬统领的兵马，也只能与王郎部相持而已，无法取得优势。刘秀不等幽州骑兵的支援到来，已先行去直接攻打邯郸城，正好与谢躬会合，两军合力围城，过了月余，还是未能攻下。王郎不慌不忙，另遣别将去攻打东面的冀州州治信都城，城内的大姓马宠开城门迎接王郎军队，赶走刘秀所任命的太守。更始军又出兵收复信都，刘秀就派前任信都都尉李忠去代理信都太守职务。在信都拉锯战时，王郎突然派大将倪宏、刘奉去支援邯郸，刘秀又匆匆赶到南䜌去发动攻击，结果又遭败绩。幸亏渔阳将领景丹率领幽州骑兵赶到，击败倪宏、刘奉，刘秀才得重振旗鼓，全力去攻打巨鹿和邯郸，最终消灭了王郎。

甜言蜜语 暗藏杀机

在攻灭王郎的战役中，谢躬始终作为更始军所派遣的一部，参与所有的战斗。在作战中，谢躬常与刘秀发生摩擦，有几次争执激烈，谢躬差一点要向刘秀动武，只是因为刘秀人多势众而住

手。消灭王郎后，虽然大家都住在邯郸，但谢躬与刘秀各住一城。刘秀平时常做出一副息事宁人甚至是有意示好的样子。谢躬虽然出身草莽，但是办事有方，忠于职守，刘秀一有机会就当众说："谢尚书，是块真正办事的材料！"谢躬听得多了，就忘记自己与刘秀的无法调和的矛盾，忘记了随时会发生的危险。可是谢躬的妻子是个为人精细而又思路清晰的女人，她对当初更始诸将要杀死刘缤时，刘秀所装出的一副不动声色的模样，还是记忆犹新；何况现在刘秀势大人众，谢躬手下仅有六个将军所领的人马，处境之危急可想而知，就常常对丈夫说："你与刘大司马向来不能合作，常有争执，如果轻信他那言不由衷的甜言蜜语，最终是要吃大亏的！"谢躬认为是妇人之见，不加理睬。

不久，谢躬率六将军的数万人马，南下屯驻在魏郡的郡治邺城。刘秀去征剿青犊农民军团时，要求谢躬离开驻地，远涉邻郡去攻打驻扎在林虑山的尤来农民军团。谢躬出师不利，大败而归。哪知刘秀早已命令

青褐釉扁口壶：风度翩翩的君子

青褐釉扁口壶，虽然有些斑驳，但更显示出它的身价，身上的釉彩，仿佛是一件披风，使它如同风度翩翩的君子。在当年也许就是一个普通的生活用品，但是在今天，谁也说不清它的身价。

栩栩如生滑石面具

这是一副滑石做的面具，线条流畅，五官俱全，有写实，有夸张，极为生动。面具是用来为死者遮面的，有了这般生动的表情，那可真是栩栩如生了。头上有冠，表示身份，一排整齐的牙齿，那自然是有好胃口，生前显赫，死后辉煌，这一定不是等闲之人。

> **历史文化百科**

〔**国家的中枢机构——尚书台**〕

尚书台又称尚书省，东汉时期设置在宫禁中的官署名称，是国家的中枢机构。设有尚书令，直接对皇帝负责，总领国家政务。尚书令下辖六曹、三十五郎曹，以及诸曹尚书、丞、郎、令史等。

悍将吴汉和岑彭，趁谢躬离境时，就出兵偷袭邺城，在城中伏下重兵，专等谢躬回来。

谢躬只知认真办事，克尽职守，丝毫不懂军中险诈和凶残。他率部队返回邺城，到了郊外，就先自带着亲随轻装入城，到得衙署，见吴汉、岑彭二将高踞堂上，大吃一惊，正要回头出城，两下埋伏的刀斧手已围了上来。吴汉、岑彭不审也不问，立即把谢躬和六将军在堂前斩首。城外的更始军士知道主帅已死，全都缴械投降。

刘秀善于以柔的一面示人，然后突然一击，以达到其最终目的。袭杀谢躬，不过是其中玩得较轻松的一次。

公元27年 _{公元27年}

世界大事记 罗马皇帝提比略自罗马迁居卡普里岛。

耿纯 疆华 利秀 诚意

《后汉书·光武帝纪》《后汉书·耿纯传》

人物 关键词 故事来源

〇一五

刘秀称帝

东汉开国皇帝在绿林风暴中崛起，在铜马归降后称帝：历史常常是如此演进。

推心置腹

铜马军成员出自陇亩之中，军中俨然就是村落民居一般，不脱农民固有的憨厚善良的本色。不过，数年来辗转沙场，在强敌悍仇之间周旋，也深深地生出不轻易信任别人的警惕之心。

刘秀把铜马以及后来的高湖、重连诸部的首领都封为列侯，以示招怀的诚意。但是，激战刚罢，胜利者不相信归降者，归降者也不相信胜利者。刘秀长期和农民义军在一起，深知其中衷曲，就下令让归降的农民首领们回到自己本来的大营去，管好自己的部下；然后亲自轻装简从，只带了不多的骑士直入铜马、高湖的大营里去巡视检阅士兵。作为一个三军统帅，几乎不加警备地到一个刚刚投降的敌对军营中去，是任何一个经历过战场厮杀的人都无法想象的，这显示出一种难以估量的勇气和大度。铜马、高湖的首领们非常感动，相互表示："萧王对我们真是推心置腹的了，我们怎能不为他去拼死作战呢！"

刘秀看这批铜马部众是真心归降的了，就陆续把他们分插到诸将的部下，刘秀的军队，因此一下子拥有了数十万兵马。

刘秀率军继续扫荡赵地的农民武装，连连取胜，就心生息意，疏于防卫，在一次轻军躁进中，遭尤来、大枪、五幡三部联合伏击，刘秀被追赶得丢盔弃甲，连战马也丧失了，幸亏骑将王丰献上自己的坐骑，刘秀才逃得性命。刘秀大军被冲散，诸将招集散兵，北移到范阳城去集合，军中找不到刘秀，将士们都担心刘秀遇难。这时吴汉出来说："你们大家都要好好努力呵！萧王兄长的儿子都在南阳，我们何愁没有主公呢！"过了数天军心才稳定下来，而刘秀也在侍卫保护下回到大营。农民军团虽然胜了一仗，可是

东汉开国皇帝刘秀

东汉开国皇帝、军事家、军事统帅刘秀，字文叔，南阳蔡阳人，汉高祖刘邦九世孙。公元25—57年在位，谥号光武帝。

汉光武

珍贵的宝石王冠（上图）

这件珍贵的宝石王冠光彩耀人，黄金的本色在宝石的映衬下，显得更加突出，不知何等高贵的人，才能拥有它，也许围绕它曾经有个非常动人的爱情故事，那就等着我们的"考古"工作者去研究和发现吧！

刘秀诏耿弇进击彭宠，次年彭宠家奴杀彭宠，受封为不义侯。

具有古埃及风格的龙形金饰片

如果你是在古埃及的珍宝中发现它，您绝不会怀疑它的"国籍"，可它确确实实是我国东汉能工巧匠所制的龙形金饰片，黄金的特点，龙的性格，都成功地表现出来，真是相得益彰，相映生辉，叫人叹为观止。

慑于刘秀的声威，还是悄然撤走了。刘秀命令诸将，紧追不舍。

鄗城劝进

此时，在河内与更始军作战的冯异、寇恂送来捷报，诸将急于加官进爵，就趁机劝说刘秀称帝，其中要算新市兵出身的马武最力。刘秀没有

<历史文化百科>

〔表明职位权威性的印绶〕

印和系印的绶带，可以作为官印的统称。汉朝规定，凡是专职官员，都有国家颁发的印绶，以表示职权受命于天子。有金印紫绶、银印青绶、铜印黑绶、铜印黄绶的区别，代表了官位级别的高低大小。后被历代沿用，没有印绶的官员，或为散官，或非专职官员。

允准，只是留下吴汉、耿弇、景丹等十三员大将继续追击尤来诸部，自己则回蓟县观望形势。尤来诸部在辽东郡地界被歼，刘秀就南移到中山国休整，诸将又向刘秀劝进，刘秀还是顾虑重重。于是老部下耿纯来为刘秀陈说利害，消除顾虑："天下的能人贤士，抛下家室、放弃产业，跟从大王在刀箭下苦斗，为的是能攀龙附凤，建立大功业。现在大王不肯登上皇帝大位，坐失大好时机，使大家失望。我恐怕这些能人贤士失望之余，都有回老家的念头，何必在此自己白吃苦呢！这么大的一支队伍，一旦分散，那就无法再集合起来了！"耿纯知道刘秀不是不想当皇帝，所以一番话丝毫不涉及刘秀本人，而是专门从这班苦苦追随的文臣武将的心愿谈起，说得合情合理，刘秀自然默然无话。耿纯是明白人，也就悄悄退下。

刘秀率大军来到巨鹿城北面的鄗城时，有个很识时务的儒生彊华，老远从关中赶来，献上一篇《赤伏符》："刘秀发兵捕不道，四夷云集龙斗野，四七之际火为主。"这三句似通非通的谶言，虽然有吹牛拍马之嫌，但算是代表了天意。于是，刘秀就心安理得地在鄗城南郊筑土为坛，宣布登基为皇帝，改元"建武"，并大赦天下。这一年正是公元25年。

当时人们认为，刘秀能在黄河北岸的冀州和幽州的广大地域上扫清敌手，稳定人心，最后在鄗城称帝，靠的是收编了铜马为主的数十万农民武装的实力。所以，关中的民众私下称刘秀为"铜马帝"。

樊崇　张卬　刘玄　盲动　逆境　《后汉书》《后汉书·刘玄传》《后汉书·刘盆子传》

人物　关键词　故事来源

长安的刀光剑影

贫苦农民为了觅食求生才变成农民军，也因为觅食求生而西进长安，也将因为觅食求生而离开长安，散向故土。

为生存而进军

更始帝迁都长安时，赤眉军首领樊崇等都表示臣服，并入京受封为列侯。可是，更始朝廷光给樊崇等人一个列侯的虚衔，不再加以安顿，赤眉军团数十万部众在关东，无人主持。所以，樊崇等人不久就离开长安，返回颍川大营。赤眉军起事至此，只是觅食求生，并无什么政治上的自我意识，只是在颍川一带转悠，找不到出路，就暂时分成两部：樊崇、逢安领一部，徐宣、谢禄、杨音为一部，分头游击，攻打县邑，以解决眼前的粮草问题。随军家属生活愁苦，衣食无着，危机时起，所以都日夜哭泣，想回老家去。但是，老家哪能那么容易

回去：离乡多年，田地荒芜，吃什么？农具种子全无着落，何以耕作？回乡不得，在客地游荡亦不成，樊崇、逢安合计下来：部众在本地是待不下去了，如果向东转移，还未到达家乡，队伍就已散了。不如定个目标，还可以收拾众心，有个暂时的奔头。目标在哪里？在长安！

于是，赤眉军团又重振军威，樊、逢部从武关启程、徐、谢、杨部从陆浑关进发，并力西向，矛头直指长安。

令人三叹的扇形玉佩

这件扇玉形佩叫人有三叹，一是其造型精巧，在薄弱的身躯上雕刻出这么玲珑剔透的花纹，二是其色天然而成，自然和谐，哪个画匠能调得出来，三是其主人的福分，能将此物佩于身上，能不说是三生有幸？

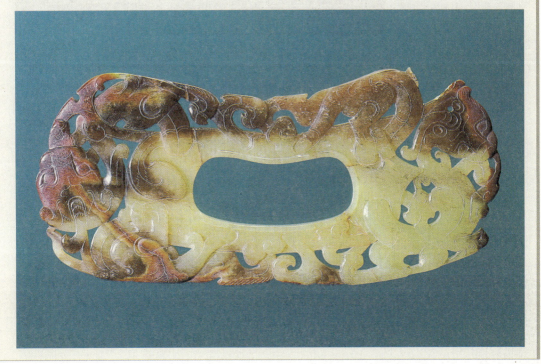

强敌环伺下的变数

更始帝听说赤眉军从东而来，急忙先派王匡、成丹、刘均，分别在洛阳两翼、河东与弘农一带设防，随即由主将朱鲔、李轶率领田立、陈侨、武勃等领兵三十万，扼守洛阳这个东大门。

正在河北地界发展势力的刘秀，对赤眉军东来的消息非常关注。他忖度更始军一定抵挡不住这支全国最强大的农民军团；自己不想介入这场争斗，但又不甘心放弃分一杯羹的机会，就派出

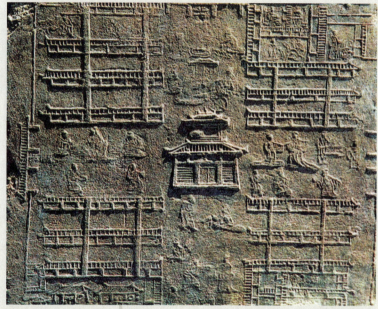

能独当一面的大将冯异和寇恂领兵在河内郡隔着黄河来观望洛阳一带的战局，伺机掠城夺邑，从中捞得好处；又派邓禹领兵直插洛阳和长安之间的河东郡，亦是躲闪在黄河北岸观变。后来更始军、赤眉军先后崩败，赤眉军东撤时，刘秀这两支伏兵，就趁势夺下河洛与关中地盘，那是后话，暂此不提。

且说赤眉二部人马，并未正面攻击洛阳这扇难以轻启的东大门，而由南线进入长安所在的弘

商业与城市（上图及左图）

东汉时期，由于农业和手工业的发展，商品较多，因之商业也在发展。建武十六年（40），刘秀下令重铸五铢钱，废除了一切旧币，消除了王莽制造的货币混乱的局面，对于商业的发展起了一定的促进作用。东汉的商品种类比西汉多，市场扩大，交通发达。在城市中都设有交易市场，叫做"市"，管理市场的叫市长。市内按所卖商品种类，分为若干"市列"或"列肆"，每个列肆又有很多店铺或商摊。主要商品有农产品和手工业品，还有金玉珠宝等珍贵器物以及各种药材等。在人口较密的乡村或交通要道地区，也有市集出现。

> **历史文化百科**

〔汉代的军队编制——部曲〕

大将军营中设有五部，部下有曲，部曲一般指某人所辖的军队。此后逐渐演变成私兵，东汉时期部曲大都由家奴充任，依附于豪强地主，没有人身自由，必须对主人效忠，要想摆脱这种依附关系，成为平民，必须经过主人的同意。

农郡，首先击败更始的讨难将军苏茂，又在荔乡大败更始丞相李松，然后稍稍向北到达湖县，这可离长安城不太远了。而更始的大将们此时却在各自的防线上，与刘秀伏下的兵马发生激战。双方几度交战，虽然各有胜负，可是把更始的层层防线，搅得一塌糊涂，失去原有防御意义，王匡、成丹、张卬诸将握有十余万兵马，在击败邓禹之后，就匆匆返回长安。

生死无界限

汉代绘画不仅大量施于宫室屋宇，还大量施用于陵寝墓室、享堂石阙。汉代习俗事死如生，以厚葬为德，薄殓为鄙，洛阳东汉墓壁画表现墓主生前的生活以及对其死后升天行乐的美好祝愿。

王匡、张卬等在洛阳一线设防，是为了对付东来的赤眉军；邓禹、冯异在黄河北岸窥视，是为了捡赤眉、更始两败俱伤的便宜。只是刘秀的部下过于热中，按捺不住，终于搅了战局，让赤眉军团毫发无损地直逼长安门口。

长安城不设防

张卬是个无义之徒，见更始受到赤眉、刘秀两面夹攻，失败只是在旦夕之间，就与诸将商量，说："赤眉早晚就会到来，我们被消灭是迟早的事。不如大家在长安大抢一番，然后返回南阳老家去；如在南阳也站不住脚，就重新回到江湖，去当强盗也行！"众将商议已定，就上朝去劝说更始帝。哪知刘玄当了两三年的草头皇帝，已经进入了角色，不想再回到现实生活中，重新当一名平民百姓，就大发雷霆，诸将自觉羞惭，也就不敢再劝什么。更始帝马上命令王匡、陈牧、成丹、赵萌一班元老，屯兵在长安城东的新丰，由李松在鸿门为前锋，阻击即将到来的赤眉军。

留在城中的张卬、廖湛、申屠建、隗嚣等都是一些阴险毒辣的小人，合谋要在立秋那天劫持更始帝，来完成大掠长安的计划。更始帝听到风声，就诈称染病，不出来参加立秋出猎的活动，反而邀请张卬等人入宫会宴。诸将不疑，都进宫而来，只有隗嚣多疑，借故不来。张卬进得宫来，更始帝又虎头蛇尾地缩手缩脚起来，倒被张卬看出破绽，半途又退出宫外，只有申屠建在宫中被杀。张卬见事有突变，就领兵杀入宫中。更始帝刘玄逃到新丰，与岳父赵萌会合，竟又怀疑王匡等将与张卬通谋，设计诱杀了陈牧、成丹，只有王匡逃入长安城与张卬联手。

于是，长安变成一个张开双臂，等待赤眉军进入的空城。

牧童皇帝

赤眉军立了个牧童当皇帝，不过牧童也是一个刘氏宗室。

三个刘氏宗室

赤眉军一路磨磨蹭蹭，来到洛阳与长安之间的华阴县，军中有个信奉汉城阳王刘章为大神的巫师（刘章曾发动政变，诛灭吕后的兄弟吕产、吕禄等人，恢复刘氏政权，被封为城阳王，受到山东地区民众的信仰，尊之为神。）突然口出狂言，说刘章老大王生气了，你们应当做皇帝的，为什么要当强盗！士兵中有对此讥笑的，都无端生起病来。有个叫方阳的人对樊崇说："将军拥兵百万，西攻长安，但没有称号，只能算是盗贼；不如拥立一个刘氏宗室，也好名正言顺地发号施令呀！"樊崇同意了，就在军中查询到刘氏宗室的子弟有七十余人，其中只有刘茂、刘盆子和前西安侯刘孝三人算得上是皇属近支。樊崇就在郑邑的北郊，筑坛祭祀城阳王刘章，大会诸将士和军中的"三老"、"从事"，又派人在一条木片上写"上将军"三字，和另外两条空白无字的木条一起放入竹筒，让刘茂等三人抽签。由于刘盆子年幼，理应最后一个抽签，结果

凝固的瞬间：三人倒立杂技陶俑
1972年河南洛阳七里河出土的这件三人倒立杂技陶俑，造型极其优美：三人倒立于圆缸之上，其中二人手按缸沿作倒立之姿，身体相互叠架支撑，另一倒立者耸于其上，双足屈伸在空中。这个被凝固了的空间姿态既惊险又灵巧，既接近生活而又不受拘束，其整体形象获得多方位、多角度的观赏效果。

前两人都没有抽中，自然是刘盆子抽到那条写有"上将军"三字的木签。于是全军都跪下称臣。当时刘盆子只有十五岁，是个小牧童，披头散发，破衣赤足，见大家向自己下跪，吓得大哭起来。宗室刘茂过来对刘盆子说："好好把这木片收藏起来！"可是刘盆子却把木片折断扔掉了。牧童皇帝刘盆子当场宣布：徐宣为丞相，樊崇为御史大夫，逢安为左大司马，谢禄为右大司马。一时间赤眉军变成刘氏的汉家军队了。

更始帝降为长沙王

赤眉军终于兵临长安城下。此时，由于守鸿门的李松回军保护更始帝刘玄，反攻入长安，赶走了王匡、张卬，更始帝又住进长信宫。赤眉军到达冯翊郡的高陵县，王匡、张卬出来投降，并一起攻打长安的东都门。李松被擒，更始帝单骑出城，在高陵又被截回。

赤眉军发文告：刘玄来投降，就封为长沙王，过了二十天，就不再接受投降！更始帝通过刘盆子的哥哥刘恭去请求投降，赤眉军派谢禄来受降。更始帝刘玄就随谢禄、刘恭回长安城，赤露上身来朝见刘盆子，并献上自己的更始帝印玺和绶带。赤眉诸将要杀死刘玄，刘恭、谢禄出于信用，就据理力争，诸将还是不从，把刘玄拖了出去，准备开刀。刘恭赶上来对刘玄说："我已经尽力了，让我死在你的前面吧！"拔出剑来就要自刎。樊崇等赶忙上前阻住，不单赦免了刘玄，还封他为畏威侯。

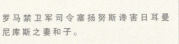
《后汉书·刘盆子传》

《资治通鉴·汉光武帝建武元年》

刘盆子　质朴

人物　关键词　故事来源

刘恭还不满意，再力争，结果竟然改封为长沙王。从此刘玄就紧紧随着谢禄，住到他家中以求得保护。

赤眉军进入长安，就如当年更始军进长安，只是把长安城当作安乐窝，不知如何管理政事，不知如何巩固自己的军事实力，特别是不懂得如何管理自己，最终和更始军一样，被迫离开这座繁华的帝王之都。

极为少见的十人俑灯
这件绿釉人俑灯造型简练，形象生动，充满了活力，使观者倍感亲切。汉代人俑灯出土较多，但在一件灯上塑出十人，极为少见。

汉光武帝涉水图（明·仇英）

>历史文化百科<

〔珍贵史料——山东画像石墓〕

民间所谓"将军冢"，是东汉晚期大型画像石墓，位于今山东省沂南县北寨村。墓室全长8.7米，宽7.55米。墓中有大量石刻画像，主要分布在三主室，画像内容丰富，笔法细腻，刻技高超，内容有军事、田猎、歌舞、宴饮等等，不仅反映了当时的社会风俗，也为后世留下了珍贵史料。

赤眉东归

长安是一座孤城，城外尽是形形色色容不下赤眉军的势力：三辅以北是刘秀控制下的诸郡，城外四周是地主豪强坞屯，暗中还有更始帝的支持者。

孤立无援的安乐窝

赤眉军拥刘盆子进长安城，把这个牧童皇帝安顿在永乐宫中，就不再去搭理他，安心地去享用库仓中所贮的无数财物和粮食。殊不知危机正从四面八方逼来：首先，赤眉军刚进城，刘秀接踵就收降了把守洛阳的朱鲔，并定都在那里，挡住了赤眉军日后东归的去路；守候在扶风郡的邓禹，连兵上郡、北

地、安定，对长安城西面形成包围之势；长安城外邻近的诸县邑，都以当地豪强地主为首组织屯聚，推举营长，各守一隅，专门与赤眉为敌。更严重的是长安周围的土豪势力，想重新拥立刘玄为皇帝，不断派人潜入城中营救刘玄，使张印等曾经叛变过刘玄的人，神经非常紧张，就逼迫谢禄在家中把刘玄绞死。刘恭知道后就连夜进入谢禄府中，把刘玄的尸首偷偷送出城外，由邓禹以刘秀的命令，安葬在霸陵；刘玄的亲属也惨惨惶惶地逃离长安，千辛万苦地回到南阳故乡。

推不掉的皇帝宝座

冬至日，赤眉军在宫中举行大宴，酒席还未开始，将领们就相互争吵起来；宫外的士兵则翻墙入

冯异

失之东隅，收之桑榆

东汉建武初年，赤眉兵攻打长安，冯异领兵与赤眉在华阴相遇，两军相拒六十多天，大战数十个回合，收降赤眉军五千余众。建武三年(27)，刘秀拜冯异为征西大将军，恰逢邓禹率部东归，于是二部合在一起攻打赤眉。不料被赤眉军打败，死伤三千多人。冯异收集散卒，得数万人，与赤眉军再次约战。冯异令壮士打扮成赤眉军的样子埋伏在道边，当两军战在一起时，冯异布置的伏兵杀出，赤眉军分不出敌我，败退而去。冯异兵乘胜追击，将赤眉军全部消灭。刘秀写信慰劳冯异说："赤眉破平，士卒劳苦，始虽垂翅回谷，终能奋翼黾池，可谓失之东隅，收之桑榆。方论功赏，以答大勋。"此图出自清刻本《新刻批评东汉演义》。

> 历史文化百科 <

〔门阀士族的雏形——豪右〕

豪右原是西汉时期出现的占有大量田产的豪族。他们广占田宅，横行乡里，虽屡遭压制而不禁。东汉建立时，豪右势力纷纷拥众起兵，帮助刘秀建立并稳固了政权。所以，东汉建立后，豪右势力进一步扩张，发展成为东汉时的豪强地主，并成为此后门阀士族的雏形。

世界大事记

相传耶稣基督被罗马驻犹太总督本丢·彼拉多钉死在十字架上。

刘恭 徐宣 逆境
《资治通鉴·汉光武帝建武元年》
《后汉书·刘盆子传》

人物 关键词 故事来源

粗阔的灰陶仓

这件物品出土于青海大通的一个匈奴人墓中。仓壁上开一小门，并且用刀刻出门板的形状，还在一边刻出了一把梯子的样子，把立体的物件以平面的形式表现出来。现藏青海省文物考古研究所。

宫，抢夺酒肉，引起械斗，死伤甚多。卫尉诸葛穉闻讯赶来，动用武力，格杀了百余人，这才平定下来。刘盆子受了惊吓，日夜啼哭。刘恭眼看赤眉军一定会垮台，就暗中教弟弟刘盆子把皇帝的玺绶交出来了事，并事先想好一套推辞的话。到了元旦那天的朝会上，刘恭先开口说："感谢大家立我的弟弟为皇帝。现在已过了一年，事情搞得乱糟糟的，他实在是无能力担当重任，情愿退位再去当平民，请诸位另外找个贤能的人吧！"樊崇等人倒有些恐慌，说："这都是我们的罪过！"就是不同意刘盆子退位，刘恭再三苦苦请求，有人说："这又不是封一个式侯那样的小事！"刘恭被封的是式侯，这句话的意思是你这个小小的式侯，不要参予皇帝的大事。刘恭就不敢再开口了。这时，刘盆子走下皇座，解下佩在身上的传国皇帝玺印和绶带，跪下叩头说："现在大家已经立了皇帝，可是做的还是强盗行径，天下都怨恨我们，不再归心我们，这都是拥立错了人所造成的！希望让我告退，不

要挡了别的有才德者的路。如果一定要杀了我刘盆子来抵前一阵子的罪过，那我是不会躲避这一死的！"刘盆子这一番话，说得声泪俱下，樊崇等几百个参加朝会的文臣武将，没有不生出同情怜惜之心的，一个个离开席位，跪下叩头说："臣下不像样，对不起陛下了！从今天起，我们不敢再放纵胡来了！"大家上前扶住刘盆子，给他重新佩上玺印绶带。刘盆子又是哭又是叫的，还是无法摆脱。诸将宴后出宫，各自关起营寨的大门不出来。京城周围的老百姓都高兴极了，说这个皇帝是个圣明的皇帝。百姓本来都离开京城到附近躲藏，这下子就又争着返回城中过活，长安城内的街坊市场又人气兴旺了。可是，过了二十几天光景，赤眉诸将跑出营寨，到城中抢掠不已。

赤眉诸将放纵如故，长安百姓厌苦如故。

东汉酿酒灶台

广西贵港东汉墓出土，灶台呈长方形，上有个三灶眼，分别放置釜、双耳锅、甑等酿酒器。灶台上、灶台两侧各有两人在操作。灶门有一人生火。这组陶制品逼真地反映出当时酿造生产的过程，因此被认为是"典型的酿酒工作灶台"。

067

赤眉军走完历史征途

赤眉军发觉仓库中粮食罄尽了，无法再留在城中，就把宫苑府署中的财物，全都装车带走，临走一把火焚烧了宫阙署寺，经过坊里，就随意掠抢杀人，一时长安城中无人敢行走。

赤眉军撇下空空的长安城，又转到附近的北地、安定等郡去转悠，最后跑到更始部将隗嚣割据的天水郡境内，被隗嚣部将击败。时值天寒大雪，赤眉军又折回长安城，赤眉前军将领逄安与据守在杜陵的豪强延岑交战，邓禹伺机偷袭长安城，被赤眉断后的大将谢禄打败。可是逄安抵挡不住悍将延岑，一战而败，赤眉部众被杀十万。另外，赤眉别将廖湛率大队返回长安，在途中被汉宗室汉中王刘嘉的军队击毙，赤眉部众损失惨重。

当时天寒地冻，四乡饥馑，再加上地方上豪强和汉军的袭击，赤眉军只得又起程东归，仅剩部众二十余万。一路上不断受到冯异大队人马的阻击，农民部众损失不断增加，好不容易且战且退，到洛阳西面的宜阳，才摆脱了冯异的追击，部众也仅剩十余万了。可是宜阳城前等待赤眉军的，正是刘秀亲自率领的御林军。携老带少、忍饥挨饿的赤眉军团，再也没有力量抵抗了。

刘恭奉命到刘秀军前请降，说："刘盆子带领百万部众来归降陛下，将如何对待他？"刘秀说："待汝不死耳！"两天后刘盆子率领丞相徐宣等三十个赤眉首领，赤露上身，到刘秀军前投降，呈上汉朝的传国玉玺。在投降仪式上，赤眉军士抛下的武器盔甲，堆在一起，竟有信阳城旁的熊耳山那么高！

威震全国达数年之久的农民军团——赤眉军，终于走完它那艰辛的历史征途，一下子消失在黄河与洛水之间那片血沃的平原上，只留下"赤眉军"的威名，由后人去慢慢评说。

多功能釉陶灶（局部图）

《后汉书·冯异传》《资治通鉴·汉淮阳王更始二年》

故事来源

冯异

谨慎 宽容

关键词

人物

〇一九

咸阳王

自从汉高祖"斩白马"为誓之后，异姓为王最犯大忌，特别是在天下未定之际。幸亏冯异是个出了名的谦逊谨慎的人。

"咸阳王"指的是汉光武帝的开国功臣冯异。冯异是颍川父城（今河南宝丰东）人，好读书，通解《春秋左传》和《孙子兵法》，王莽时在本郡当掾史，监管五个属县。刘秀起兵略地到颍川时，一时攻不下父城县，就驻扎在附近的巾车乡。冯异在作战间歇时，去视察属县，被汉兵俘虏。冯异的堂兄冯孝和同郡人丁綝、吕晏都在刘秀手下办事，就把他推荐给刘秀。后来，冯异作为刘秀署下的主簿，一直跟随刘秀身边，开拓河北的局面，并因功拜偏将军，封应侯。冯异为人谦逊不夸耀自己，平时遇到同僚都主动让道；在回营休整时，诸将大多在一起谈论各自的功劳，而他常常只是独处在大树下，所以军中都称他"大树将军"。攻下邯郸（在今河北邯郸市西南），平定河北之后，要重新部署诸将的部属时，军士都愿意归属在他的部下，因而刘秀很看重他。

取代邓禹　开拓关中

当邓禹率军西去开拓关中时，冯异随寇恂在河内与据守洛阳城的更始诸将对峙。冯异配合刘秀的意图，用反间计除去李轶，使洛阳守军上下离心。冯异和寇恂

大树将军

冯异，字公孙，颍川父城人，东汉开国名将。好读书，精通《孙子兵法》。王莽时以郡掾监五县，后以五县降刘秀。任主簿、偏将军，被封为应侯。他屡立军功，善于治军，但为人谦恭不夸，诸将每坐论军功，他常独避树下，军中号为"大树将军"。他曾为刘秀北击匈奴，平定河北，举兵攻下天井关、上党、成皋等十三县，拥戴刘秀称帝。建武二年被封为阳夏侯，代邓禹西征。又击败赤眉军，平定关中诸豪强，进兵西北，平定公孙述、隗嚣等。建武十三年卒于平陵军中，谥节侯。此图出自清末民初马骀的《马骀画宝》。

荒亭进粥 乙丑六月邛池进父画

> **历史文化百科**

〔汉石刻代表作之一——太室阙〕

太室阙即位于今河南嵩山中岳庙前的神道阙，建造于东汉时期。阙，分为单阙和双阙，一般建筑在祠庙或陵墓前以表示威仪，形状如楼阁。由阙身、基座和屋顶三部组成。太室阙的建造风格就属于双阙，间距为6.75米，高3.92米，阙身雕刻有文字以及五十多幅人物花鸟等图像。太室阙与少室阙、启母阙并称为"中岳汉三阙"，是全国重点文物保护单位。

场面浩大的车骑出行壁画

合力击败苏茂，又渡河击败朱鲔，并追击到洛阳，绕城一匝而回，大大宣扬了刘秀汉军的声威，刘秀也借此下定了称帝的决心。刘秀称帝第二年（26）春，封冯异为阳夏侯，下诏让他回乡拜祭祖茔，命太中大夫送去牛酒，要求二百里内的郡太守、都尉以下和宗族都去参加。当时长安周边三辅地区还在赤眉军、更始残部和延岑叛军的骚扰下，地方豪强都纷纷组织起私人武装，而大司徒邓禹则迟迟不能发动进入关中的果断行动，冯异奉命取代邓禹去经营关中。刘秀亲自送行到洛阳西郊的河南县，颁赐给冯异乘舆（皇帝乘坐的车）和用玉装饰的七尺长剑，要求他不要热衷于略

地屠城，而要控制部下，安抚民心。冯异一到弘农郡地界，就注意树立威信，原来地方上称将军的人，有十多个前来归顺。

冯异率军在华阴（在今陕西华阴县东南）遇上已撤出长安地区东归的赤眉军，双方对峙了六十余天，交战数十次，降服赤眉战将刘始、王宣等和五千人马。正在此时，奉命调防东返的邓禹和车骑将军邓弘也带领部队到达华阴。邓禹、邓弘要求和冯异一起攻打赤眉军。冯异说："赤眉兵力很多，一时不易用武力打垮。皇上要诸将在东西截住他们，要我从西夹击他们，这

> 历史文化百科 <

〔袄的前身——襦〕

一种短外套，就是后世所谓的袄。秦汉时期的襦一般都在腰部以上，分为单、夹两种，男女都可以穿。襦的种类繁多，有单襦、复襦、反闭襦等。夏季穿单襦，较轻便，又称汗襦；冬季穿复襦，有衬里，中间有棉絮。反闭襦就是反着穿的襦。

样一举而定，才是万全之策。"二邓不听，由邓弘出兵与赤眉军大战半天，赤眉军佯败，丢下不少辎重，所遗车辆内装土块，外面覆盖一层豆子，引得饥饿的汉军去争抢。赤眉军立即回马攻击，邓弘部众溃败，得邓、冯的救援，赤眉军才稍稍退却。冯异认为激战半天，士兵又饿又累，可以休战。邓禹不肯，挥军再战，结果大败，远远逃向宜阳（今河南宜阳西）。冯异丢下战马，徒步经由回溪坂回到营地，重新整顿兵士，仍有数万人马，与赤眉军约期再战。冯异派一队壮士，穿上赤眉军服色，埋伏在路旁。天亮时，赤眉军先派一万人来攻，冯异只以少数兵去应战。赤眉军以为汉军势弱，就全军来攻，冯异这才纵兵大战。中午时分，赤眉军士气下降，汉军伏兵奋起参战。赤眉军无法分辨，惊恐溃散。冯异率军追击，在崤底（崤山附近地名，在今河南洛宁县西北）大破赤眉，降众八万之多。赤眉余众还有十余万人，东奔到宜阳去，也向当地汉军投降。刘秀下达加盖皇帝玉玺的诏书嘉奖冯异，说开始虽败在回溪（指邓冯被击败之地，回溪坂，又叫回坑，在今河南洛宁县东北），但最终在渑池（在崤山之东，今河南渑池县西）大胜，可谓"失之东隅，收之桑榆"。

故都残破　惨淡经营

赤眉虽然基本平定，可是整个关中地区还盘踞着延岑、王歆、张邯、吕鲔等十多个自称将军的地方势力。冯异屯兵在长安附近的上林苑，发兵讨伐，把最凶悍的延岑逼出长安地区，逃往南阳。当时关中大饥，竟至人吃人的地步，汉军士兵都只能以野果充饥。光武帝派赵匡到右扶风来当太守，带来兵马和粮食，当地民众高呼万岁。冯异也有力量去征讨和招安各处豪强，把前来投诚的首领送到洛阳去。关中平定，冯异在上林苑屯驻了三年，使这个皇家园林，变成一个大都市。正在冯异感到一切都满意的时候，有人上书说冯异在关中专断，甚至处斩长安县令，威望和权力都非常重，当地百姓都拥戴他，称他为"咸阳王"。一个大将被百姓拥戴到称之为本地之王，在皇权至上的时代，可是最大的嫌疑。而光武帝刘秀竟把这份奏章直接拿给冯异看，这可吓坏了一贯谦顺谨慎的冯异，连忙上前谢罪。光武帝却大度地回

鱼禽文锦：一条条鱼仿佛要游出来
鱼禽文锦虽已残破，但可以想见昔日的富丽，一条条鱼自由自在，仿佛要游出来。特别是几丝水草，让人实实在在地感觉水的存在，从色彩的搭配上，也无可挑剔，看来古人和我们的审美观有许多相通之处。

答："你与我在身份上是君臣，可是在感情上就像父子，有什么嫌疑可言，又怕什么呢！"建武六年（30）冯异入朝，光武帝特意向公卿引荐说："他是我刚起兵时的主簿，为我披荆斩棘，平定了关中。"并赏赐许多钱物。冯异说："当年管仲对齐桓公说'愿君无忘射钩，臣无忘槛车'，也愿主公不要忘记在河北时的艰难，小臣也不忘记巾车乡不杀之恩。"随后，光武帝又允许冯异带着妻子儿女回关中，专心对付关陇一带

的隗嚣和蜀中的公孙述。建武十年（34）夏，冯异病死在前线，追谥为节侯。

光武帝对功臣比较信任宽容，他与冯异的关系可以说是一个典型。

汉代辎车画像砖
汉代辎车主要供妇女乘坐，史书中多次记载皇帝的母亲、皇后妃子等出门必乘辎车。这块画像砖所示的是汉代一般富家妇女所乘辎车的情景。图中车厢分前、后两部，主人坐后，马夫在前驾驶。

公元 38 年

世界大事记　罗马人在埃及亚历山大城屠杀犹太人。

彭宠　朱浮　侯霸　逸言　狡诈

人物　关键词　故事来源

《后汉书·彭宠传》《资治通鉴·汉光武帝建武二年》

○二○

朱浮陷害彭宠

彭宠虽然有些居功心态，但根本问题在于他不懂得打天下的英主心理：只有鹰犬才可以做功臣。

是功臣还是潜在对手

渔阳太守彭宠是在刘秀被王郎追击得走投无路时伸出过援手的有功之臣。他不但几次提供精锐骑兵，还派出吴汉、王梁两员战将到刘秀帐下效力，后来还输送粮食到军中，前后相继不断。当刘秀为追击铜马军团而到达蓟县时，彭宠曾亲自到军前谒见，以为刘秀一定会到辕门前相迎，握手言欢，不料到见面时，刘秀并不那么热情重视，所以心中已很失望。等到刘秀鄗城称帝，吴汉被任命为大司马，王梁被任命大司空，都是"三公"级的高官，而自己却没有加官进爵，更是心中怏怏不乐。彭宠自忖："吴汉、王梁能得如此高官，按理我应该封王才是，看现在这个样子，皇上是把我给忘了！"

其实，刘秀哪里会忘记？恰恰是对彭宠这个边地大吏送来骑兵和粮食的印象太深了，深得使他感到不安！在此时的刘秀看来，吴汉、王梁是跟随自己的功臣，而他们原来的上司渔阳太守，说不定正是自己的潜在敌人；拿得出来的骑兵越精锐、粮草越多，这个潜在敌人就

越危险，正盘算着什么时候抹掉这个渔阳太守。

刘秀定都洛阳时，幽燕一带受战乱影响，也显得有些残破，唯独渔阳郡城还算完整些，加上城中有官营的冶铁作坊，转卖铁器，可以换取粮食，赚得一些钱财，彭宠借此富足起来。此时刘秀派少年气盛而又自高自大的朱浮来当幽州牧，成了彭宠的顶头上司，两人很快就闹起矛盾，再加上刘秀的故意煽动，双方变得水火不容。朱浮性格浮躁、自以为是，彭宠也是个倔强不驯的人物，两人积怨越来越深。朱浮多次在光武帝刘秀面前诬陷彭宠，说他暗中超额贮存军粮，心怀叵测，这些诬蔑不实之词，正中刘秀的心怀。

在这两个心术不正的君臣的联手之下，渔阳太守彭宠是死定了。

君臣联手除彭宠

光武帝刘秀玩弄诡计，故意把朱浮诬陷之词

汉代不可多得的艺术品——牛形座铜灯

整盏牛灯造型优美，特别是在对牛体各部纹饰的刻画上，十分讲究牛体各部位比例与协调。这不仅是一件具有较高使用价值的日用品，也是汉代一件不可多得的艺术品。这种使灯烟通过牛角烟道溶入盛水的腹腔中的青铜灯具，是汉代独特的一种类型。

东汉冶铁图

这是一幅反映东汉冶铁情况的画像石的拓片，原石1930年在山东滕县（今滕州）出土。在图的左边表现为用排囊鼓风，中间的人正在锻炼铁块，右边的人则在采矿。这块画像石比较全面地反映了东汉时冶铁生产的情况。

泄露给彭宠，让彭宠心怀疑惧，惶惶然心中不安。然后下诏书征召彭宠到京城报到。

彭宠心中不服，但还是对光武帝刘秀抱有幻想，提出愿意与朱浮一起受征到京城，希望能在光武帝面前对证，还自己一个清白。光武帝自然不准许。彭宠正在惊疑中，他的妻子性格比他更桀骜不驯，反而劝丈夫不要接受征召，她说："眼前天下政局还未稳定，四面八方都有人据地称雄，我们渔阳是个大郡，兵马是天下最精锐的，为什么一旦被人诬陷，就轻易地放弃掉？"彭宠去与手下亲信的郡吏商议，这些郡吏平时都受过朱浮的腌臜气，自然没有一个赞成应召的。

光武帝又派彭宠的堂弟子后兰卿来开导彭宠，让他应召到京城。彭宠趁机留下子后兰卿在身边，同时发兵去攻打朱浮。

朱浮虽然握有幽州的军权，可是在战场上决不能抵挡渔阳一郡的精锐骑兵，心中盼望光武帝像当初一样能御驾亲征。谁知道光武帝只派游击将军邓隆引一支兵马来协助讨伐彭宠。朱浮在失望之余，只得领

兵驻扎在雍奴县，而邓隆却把人马驻扎在潞县，遥遥相对，算是成犄角之势。彭宠派轻骑去袭击邓隆的部队，邓军大败，而朱浮根本无法来救援。

朱浮困守幽州首府蓟城，城中粮尽，幸亏上谷太守耿况派兵来救，朱浮脱身逃往上谷，而蓟城就归降彭宠。彭宠一不做，二不休，索性自称燕王。

好一个不义侯

幽州失守的消息立即传到京城，尚书令侯霸上书参了朱浮一本，说朱浮为私憾搅乱了幽州的局势，一手促成了彭宠触犯国法的罪名，害得国家劳师动众，战败之后又不能以死尽忠，他的罪孽应该处死！光武帝本来与朱浮沆瀣一气，联手逼彭宠走上叛变的死路，自然不会惩处朱浮，不但不罚，反而内调朱浮进京担任卫戍京师的执金吾。

彭宠虽然取得暂时的胜利，但是明知刘秀决容不得一个自封的燕王，夫妇两人终日惶惶不安。事实

东汉高超的琉璃工艺

这只精美绝伦的碧琉璃杯出土于广西贵港。杯高3.1厘米，口径5.9厘米，平底，外壁腹部有三道凸起的弦纹。整个杯器小巧玲珑，晶莹剔透，工艺精湛，反映了东汉高超的琉璃工艺水平。

> **历史文化百科**

〔依附于达官富商的荫户〕

东汉的奴客、童仆等都称为荫户，他们大都是失去土地的流民，不得不依附在官僚地主、富商大贾门下，供他们驱使奴役。这种依附人户一直到明清才逐渐消失。

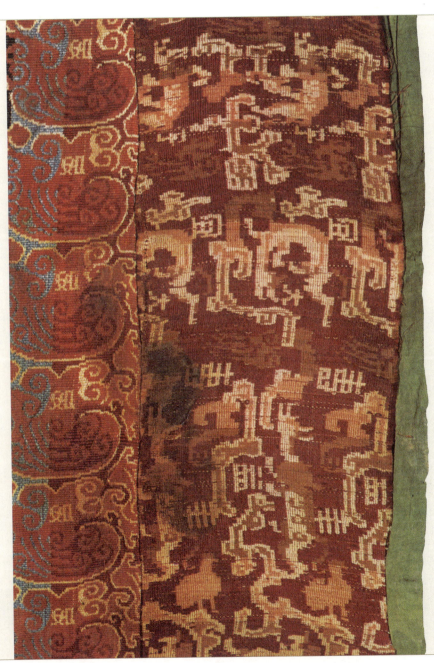

上，光武帝正用高官厚禄来悬赏彭宠的脑袋。

一年后的一个春天斋戒之日，彭宠正在府中的静室中独处守斋戒，突然进来三个平日跟随身边的奴仆，为首的名叫子密，不由分说把彭宠和在后堂的夫人一齐杀死，割下首级，直送洛阳宫中。光武帝也信守诺言，把为首的子密封为不义侯。而那个屡屡陷害彭宠的朱浮，在光武帝的儿子继承帝位后，同样是遭人告发而被处死。

"延年益寿大宜子孙"锦
此图为新疆民丰县尼雅故址出土的一件锦袍的小襟部分。锦面的整幅纹样为弯曲的藤干配以各种形状的龙纹，而龙纹的间隙处织有"延年益寿大宜子孙"的字样。

〇二一

汉光武帝在平定关中时，遇到了坚决分庭抗礼的隗嚣，因而关中战役尚未结束，陇中的烽火已经燃起。

负有盛名的割据者

隗嚣是天水成纪（今甘肃通渭东）人，青年时曾投在王莽国

得陇望蜀

隗嚣举事较早，名望也不小，可就是缺乏睥睨天下的气度，在祸福面前首鼠两端，最后成为刘秀捕杀公孙述前的一道开胃小吃。

师刘歆的门下。更始政权建立的消息传入陇中，隗嚣的叔父隗崔起兵攻下天水郡治平襄，拥戴隗嚣为上将军。隗嚣听从军师方望的建议，出兵攻杀雍州牧陈庆和安定大尹（即郡太守）王向，又遣将略取陇西、武都、金城、武威、张掖、酒泉、敦煌等边郡。更始二年（24），更始朝廷派使者来征召隗嚣入长安，封隗嚣为右将军，

得陇望蜀

东汉建武六年（30），刘秀率兵平西北。部将岑彭与吴汉把隗嚣围在西城。在四川的公孙述派兵援救隗嚣，驻扎在上邽（今甘肃天水），刘秀留盖延、耿弇率兵围之。布置好之后，刘秀便移驾东归。临行前他曾写信给岑彭，说："如果攻下两城，就可以率兵南下攻蜀，人苦不知足，既平陇，又望蜀。每一发兵，头须发白。"后来人们把"既平陇，又望蜀"概括为"平陇望蜀"或"得陇望蜀"，比喻人心不知足。此图出自清刻本《新刻批评东汉演义》。

岑彭

正直廉约的祭遵

祭遵（？ －33）字弟孙，颖川颍阳（今河南许昌）人。刘秀起兵时，祭遵任门下史，后任军市令。有一次，一个伺候刘秀的小郎犯了事，祭遵依照法律将其处死。刘秀听说后勃然大怒，命令手下将祭遵逮捕。刘秀的主簿陈副劝道："您不是想做到军纪整齐划一吗？如今祭遵执法不避尊贵，正是您所希望的啊！"刘秀听后恍然大悟，不但没逮捕祭遵，还封他为刺奸将军，并对手下将领说："你们当心祭遵，我的亲随犯法他都敢杀，你们若犯法他也一定不徇私情。"祭遵为人廉约小心，克己奉公，自己所得赏赐都分给手下，自己不治产业。他虽身为战将，却笃好儒学，行军亦不忘行俎豆之礼。祭遵死后，光武帝刘秀十分悲惜，亲自率百官吊念。此图出自清末《历代名臣像解》。

世界大事记

犹太国王希律·亚基帕一世卒，子未成年。

人物：隗嚣

关键词：犹豫 屈辱

故事来源：《后汉书·隗嚣传》

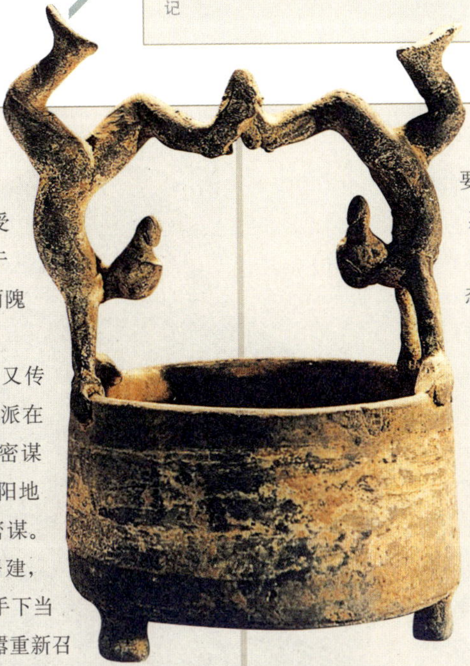

而隗崔、隗义得不到官职。当年年底，崔、义两人商量要逃回天水，隗嚣害怕自己受牵连，就向更始帝告发。于是，崔、义二人就被诛杀，而隗嚣因忠诚而任为御史大夫。

不久，赤眉从东攻来，又传闻刘秀已在河北称帝，更始派在洛阳的张卬、申屠建等将领密谋劫持更始帝逃出长安，回南阳地区另谋出路。隗嚣也参与密谋。更始帝发觉后，捕杀了申屠建，又派邓晔逮捕隗嚣。隗嚣与手下当夜冲出长安，逃回天水。隗嚣重新召集旧部，自称西州上将军。赤眉进入长安，更始政权分崩离析，三辅地区的耆老士大夫，都西来投奔隗嚣。隗嚣平时就是一个谦恭下士的人物，此时更是一一重用这些前来归附的士人。所以，在当时的割据者中，隗嚣的名望最大，连山东地区也闻其盛名。

游移在刘秀与公孙述之间

汉将邓禹经营关中，屯兵在云阳（在今陕西淳化西北），裨将冯愔反叛，窜入陇地，被隗嚣击败在高平。邓禹就以光武帝授予的节制大权，任命隗嚣为西州大将军，允许他专制凉州、朔方的事务。赤眉军撤离长安时，一度想西投陇中，被隗嚣的大将杨广击退。隗嚣觉得对汉军有功，就上书给光武帝。光武帝的回信对隗嚣很是尊重，不把他当作属下。当时，陈仓人吕鲔在公孙述的支持下，袭扰三辅地区，隗嚣又派兵马上配合冯异反击吕鲔。光武帝对隗嚣更是礼遇有加。后来，公孙述屡屡出兵汉中，又派人授给隗嚣大司空扶安王的印绶。隗嚣不甘居于人下，斩杀公孙述的使者。可是，当光武帝要求隗嚣出兵征讨公孙述，以观其真实态度时，隗嚣又婉言拒绝了。光武帝知道隗嚣持观望态度，不会真心归附，以后的书信，不再那么尊重，而是改用君对臣的口吻了。建武五年(29)，隗嚣见东方的割据者陆续被消灭，就在汉将来歙的劝导下，派长子隗恂入朝为质。

有一次，隗嚣派使者周游来长安，途经冯异军营，被仇家杀害；而光武帝派卫尉铫期带珍贵礼物去赏赐隗嚣，刚到郑县（今陕西华县）地面，就被盗贼掠去礼品。光武帝常认为隗嚣是忠厚长者，一心要招揽他，至此只得叹息说："我和隗嚣之间的事，看来好不了。他派来的使者被杀，我送去的礼物被抢！"正好公孙述出兵攻打荆州，光武帝就下诏书，要隗嚣出兵伐

造型优美别致的尊上双人倒立俑（上图）

在一口三足陶尊上，二伎双手握撑尊沿，身躯弯曲上举，头朝下作倒立状，两脚在空中相接，两腿曲蹲上举，造型优美别致。倒立是汉代常见的百戏表演项目，倒立的姿势很多，演员均为女性，高髻、博裤、束腰，上身穿贴身衣，往往在酒尊的口沿上或双手倒立，或单手倒立。有的从酒尊上手跳而下，有的手跳而上酒尊，有的头上顶碗，手中执杯，姿态多样，变化多端，十分精彩。

历史文化百科

〔汉代的书信〕

古代的书信、文件都写在木牍、竹简上，用同简牍长度一致的检和绳子捆扎，把绳结藏于匣状的斗中，再用黏土把绳结封住，钤盖印章，烘烤干硬后通过驿站送发。从出土的文物看，斗是匣状木器，检是条状木器，有的检还刻有斗，封指封缄。

汉代不可多得的艺术品牛形座铜灯（局部）

蜀。隗嚣上书说白水关险峻，当地栈道断绝。光武帝知道隗嚣不可能臣服，就亲自来到长安，派耿弇率七将军，经过陇地去攻打公孙述。隗嚣立即派大将王元据守陇坂，伐木阻塞道路。诸将与隗军交战，大败而退，王元乘势入三辅地区，被冯异、祭遵击退。隗嚣向公孙述称臣；公孙述派兵出蜀，与隗军呼应。

得陇望蜀

在汉军不断的攻击和劝降下，隗军渐有叛降的将领，隗嚣见形势窘困，派大将王元入蜀向公孙述求救，自己则带着家属，投奔西城守将杨广。光武帝再次招降不成，就命令吴汉、岑彭包围西城，耿弇、盖延包围上邽，自己动身返回洛阳。月余之后，杨广身亡，隗嚣的处境更加危急。又捱过了几个月，王元、周宗带着蜀军五千，突然赶到西城，登高大呼："百万大军来到！"汉军大惊，还未排好战阵，王元就冲入包围圈，把隗嚣接到冀县去。汉军粮食耗尽，撤兵返回关中。于是，安定、北地、天水、陇西诸郡，又倒向隗嚣。建武九年（33），隗嚣财力人力消耗殆尽，处境每况愈下，而且又病又饿，只能以大豆和米，熬成稀饭充饥，终于愤恨而死。隗嚣部下拥他的少子隗纯为主，据守在落门（在今甘肃甘谷）。一年后，来歙率军攻克落门，隗纯和诸将投降，只有王元单身入蜀，投靠公孙述为将。

光武帝从陇中东返时，留下一函给围攻西城的岑彭说："如两座城池都攻下，你就可带兵南下去攻下西蜀。人心苦于不知足，才平定陇右，又想着蜀地。"从此，"得陇望蜀"就成为讥讽人心没有厌足之时的成语。而光武帝正是在不断的"得陇望蜀"中，完成其"中兴"大业的；这也是历代王朝更迭时，无数次兼并战争的内在动力。

出身皇亲国戚

窦融天生是个皇亲国戚的命，七世姑祖就是西汉初年赫赫有名的窦太后。她在世时掌握了西汉王朝的文化舆论，一心一意推行黄老思想，使新兴的西汉王朝稳稳当当地发展了一个相当长的历史时期而名垂史册。

东汉铸铜业（右图）

东汉时期的铸铜业仍有进一步发展。官府在许多重要铜矿区设有冶铜场或铸铜作坊，专门制作皇家或官府使用的铜器。地主、商人经营冶铜业的也很多。当时的铸铜业遍及全国，最著名的地区有广汉、蜀郡、朱提等地。产品有博山炉、铜镜等，主要是生活用具。有的制作精致，花纹工巧，还有饰以鎏金、错以金银的。有些洗上带有"朱提造"、"堂狼（今云南东川）造"、"青蛉（今大姚）造"等铭文，注明产地，花纹则有双鱼、羊、鼎等图案，或铸有"祝福吉祥"、"富贵"的话语。

历史悠远的斗牛活动（下图）

河南南阳出土的斗牛画像石是汉代画像石珍品。刻画的大多是牛与人斗或兽斗的场面，着重刻画的是牛的雄姿和斗牛时牛的暴怒。仅用几条简练的阴线便勾画了隆起的颈项、疾收的小腹、锐利的双角和向上翘起的尾巴，使牛的狂怒和凶猛跃然石上。这种粗放豪迈、浑朴古拙的特点，构成了南阳画像石独特的艺术风格。

窦融归汉

皇亲国戚只是窦融一生背景上的底色。其实使他永远处在顺境中的，是他那善于制造机会的手段。但是，他从来就不是一个逐鹿者。

皇亲国戚的子子孙孙都能沾光，到窦融的高祖时还能当一个二千石的地方大员。窦融算是生不逢时，他为官时，已经是王莽当政的混乱时期，只能委屈地当一个将军手下的司马，并因为军功而被封了个小小的男爵。窦融不失时机地把妹子嫁给当朝三公之一——大司空王邑为小老婆，王邑是皇族，因而他从此又跻身贵戚的行列。

窦融可真是块料，当他铺平了进入上层社会的道路后，又在下层社会里树立起行侠

> 历史文化百科 <

[汉代的厚葬习俗]

汉代盛行厚葬，其习俗主要有：沐浴饭含、衣衾、棺椁、发丧受吊、送葬、从葬之物、坟墓、祠墓、合葬、改葬、赙赠、护丧、丧期、居丧之礼、上冢等诸多程序与种类。

仗义的名声，从而又结交了不少英雄豪杰，无形中成为一个上得天下得地，任何一个政治人物都不能轻视的人物。

善于制造机会

王莽大军围攻昆阳城时，窦融也在王邑、王寻的大帐中，亲身领略了反莽义军的厉害。返回长安后，被任命为长安外围军事要塞——波水的将军。更始军进入长安，窦融主动到更始亲贵大司马赵萌军前投降，并得到信任，出任更始政权的巨鹿太守。

制车轮画像石

此画像石出土于山东嘉祥县的东汉墓中。画面分三层：上层为神话人物故事，有西王母、金乌、玉兔捣药、蟾蜍等，下层是战争情景，中层则为制作车轮的全过程：一人手持工具在制造车辆，一人在旁加热熔解制轮用的胶，右边佩剑之人似是监工。这是东汉手工业生产的真实写照。

可是精于仕道和世事的窦融并不想匆匆地为更始政权到混乱的东方去卖命。他深知，在必要的时候，到一个什么地方去默守一段时间，也许是为将来谋得更大利益的最好办法。窦融的高祖曾经当过张掖太守，从祖父担任过护羌校尉，堂弟是现任的武威太守，窦家俨然是河西一带的一大家族。河西正是窦融当前的最好去处。于是他天天到赵萌府前央求赵大司马，把自己改任到河西去。赵萌是更始帝的国丈，就答应任命窦融为张掖属国都尉。窦融一得到委任状，立即带了家属，直奔张掖而去。

窦融到了河西，小施手段，顿时就把酒泉太守梁统、金城太守库钧、张掖都尉史苞、酒泉都尉竺曾、敦煌都尉辛肜等一批地方实力人物，一个个摆弄得服服帖帖，连河西本地的土豪，也你来我往地非常亲热。俟更始政权一垮台，窦融就把金城、武威、张

东汉铸铜业（局部图）

掖、酒泉、敦煌五个郡的太守，全都换成自己的亲信，同时自称"行河西五郡大将军事"，另外更始政权所委派的张掖属国都尉之职也不放弃。可见，窦融是一个非常善于利用机会，而又时刻准备为自己制造机会的人。

选择归汉

光武帝即位的信息传到河西，窦融打算通款献城，可是河西与洛阳之间，隔着一个以天水为中心的隗嚣势力。隗嚣是个野心家，他抢先表示接

受光武帝的正朔，奉用"建武"年号；窦融等各地势力后到，反倒要接受隗嚣所授予的将军称号。窦融千方百计，派自己手下的长史刘钧，带了书信和名马，辗转来到洛阳，直接见到光武帝。光武帝听说河西稳定而富庶，地域上又紧接陇西，想用来对付在陇中的隗嚣和蜀中的公孙述，于是就赏给窦融一个凉州牧的官职。后来，河西、洛阳双方书翰频繁，窦融弄清了光武帝的心意，就主动写信给隗嚣，责备他不该心怀两端，自取毁败。隗嚣自然不服，窦融就名正言顺地启用河西五郡的兵力，准备与洛阳方面合作进攻陇西，只是因为洛阳方面一时无力西进而中止。

建武八年（32），光武帝声称亲征隗嚣，兵临高平县的第一城。窦融率五郡太守和数万人马前来与汉军会合，受到光武帝的特殊礼遇，窦融被封为安丰侯，河西五郡太守也都封为列侯。

直到隗嚣、公孙述先后败亡，窦融觉得不能再在河西厮混下去，就借到京师述职的机会，带领兄弟和五郡太守、属吏，连同家眷、财物，甚至马匹牛羊，一古脑儿迁到洛阳来，把凉州牧、张掖属国都尉和安丰侯的大印全都上缴。光武帝见窦融如此知趣，就允许他们全在京城居住，赏赐恩宠，倾动京城。后来，窦氏一门有一人为公爵、两人为侯爵、三人为驸马、四人为二千石大官，在东汉一朝中，算是罕见的了。

> 历史文化百科

〔汉代如何进行画像石的制作〕

在汉代画像石的制作过程中一般要经过以下程序：在打制成形的石料上，先绘画勾勒所要表现的内容物象；其次再进行雕刻；最后着上颜色。汉代画像石是一种绘画与雕刻两者兼备的美术品类。由于年代久远，原来应有的彩绘和墨线已基本上脱落殆尽。

公元46年
公元48年
公元46-48年

中国大事记

匈奴单于子舆卒，子立。匈奴右薁日逐王比自立为南单于。

○二三

白帝与赤帝之争

成都与洛阳之间，有太多的山河阻隔，数年内白帝与赤帝相斗，更多的是口头上的"天命"之争。

刘氏尚赤

由巫师或方士制作的预言性隐语，传流久远，有文字，也有图像，所以称"图谶"，也称"谶书"。所谓的"河图洛书"，就是较早出现的图谶。这种谶言，常常被利用作政治上的宣传，以鼓动舆论，如秦末时出现的"祖龙死"、"陈胜王"就是其中最为简易的。刘邦起兵争天下时，就尝试过把自己称作"赤帝子"，所以刘氏建立的政权就尚赤，以大红色为旗帜衣服的主色。刘秀起兵以中兴汉室为号召，也是以赤为标志，作为五行上的依

据。更始三年（25），刘秀在河北地区战胜王郎，取得基业，可是刘氏宗室的更始帝正在长安的皇帝宝座上，各地刘姓的割据者不知多少，所以还不敢贸然称帝。当时有个叫疆华的儒生，献上所谓的《赤伏符》。这份谶书中写道："刘秀发兵捕不道，四夷云集龙斗野，四七之际火为主。"谶中即指出刘秀的名字，又点出"火为主"，于是成为刘秀应当称帝的神圣依据。而后这位光武帝凡是下诏令、施政用人，动辄都要用上谶语作为依据。光武帝借助图谶君临天下，自然也怕别人利用谶语来与自己争衡。割据西方的公孙述恰恰就是善于以谶言粉饰自己，与刘秀对抗的人物。

公孙氏尚白

公孙述字子阳，扶风茂陵人，因他的父亲公孙仁在汉哀帝朝中当侍御史，后任为郎官。王莽时，公孙述调任导江（即蜀郡）辛正，居住在临邛，以有才干而著名。更始称帝后，公孙述自立为蜀王，建都在成都。

蜀地本来就富饶，兵力也充分，远方的士人百姓渐渐都来投靠；公孙述有称帝的想法，手下也有人劝他早日定名号。公孙述就自称梦中有人对他说："八厶子系，十二为期。"按照当时对谶语的理解，"八厶子系"是公孙二字，"十二为期"是说有十二年的帝王运。公孙述的妻子说："虽然尊贵，但日子太短。"公孙述回答说："朝闻道，夕死尚可，况十二乎！"他下决心要称帝，就在手掌上刻画出"公孙帝"的字样，终于在建武二年（25）的四月

智勇双全的寇恂

寇恂（？－36），字子翼，上谷昌平（属今北京市）人。东汉初年，隗嚣的旧部高峻拥兵万人，占据高平，与汉军对抗。汉军屡攻不下。于是，刘秀派寇恂手持玺书前往迫降。寇恂刚到高平，高峻就派遣他的军师皇甫文前来相见。皇甫文对寇恂傲慢无礼，寇恂大怒，要将皇甫文斩首。众人力劝，寇恂不听，还是把皇甫文斩了。接着又派人对高峻说："你的使臣无礼，已被我斩杀，你要投降，就赶快降，若不打算投降，就派兵固守。"果然，高峻听了十分恐惧，当下打开城门投降了。事后人们问寇恂为什么杀掉高峻的使节而高峻反而投降了，寇恂说："皇甫文是高峻的主心骨，杀了他高峻就方寸大乱，所以会投降。"此图出自清末《历代名臣像解》。

间自立为天子，号"成家"，以白色为皇统标志，建年号为"龙兴"。公孙述称帝后，关陇一带被光武帝击败的群雄大多投奔蜀中。公孙述为了证明自己是天命所归，引用各种谶书的文字。如《录运法》："废昌帝，立公孙。"《括地象》："帝轩辕受命，公孙氏握。"《援神契》："西太守，乙卯金。"这些谶言综合起来就是说公孙氏当兴起，只有西方能制服刘氏（"卯金"

勇猛多谋的吴汉

吴汉（?－44），字子颜，南阳宛县人，东汉开国名将。曾为亭长，新莽末年，因宾客犯法，逃往渔阳，以贩马为业。继为刘玄安乐县县令。刘玄更始二年（24）跟随刘秀。在其20年戎马生涯中，曾参与镇压铜马、重连等农民起义军，铲除王郎、刘永、董宪、隗嚣、卢芳等势力，历任偏将军、大将军、大司马，封广平侯。吴汉用兵，勇猛多谋，败不气馁，力挽危局。建武三年（27），围刘永部将苏茂于广乐，一度失利，堕马伤膝，仍裹伤奋战，激励将士，遂获大胜。十二年，在刘秀攻蜀之战中，吴汉率部直驱成都郊外，被公孙述军10万余人包围，于危急之际，秘密调整部署，终获胜利，为完成东汉王朝的统一立下了卓越战功。二十年，病卒。此图出自清末民初马骀的《马骀画宝》。

玉蝉

汉代和田青玉制作的巨型玉蝉。圆鼓鼓的眼睛，下端刻有鼻孔和嘴巴，两翼合拢紧护腹部，颈部和两翼刻的阳文翼脉长短弯曲自然，两翼边斜磨，翅膀略长于蝉腹，腹部下端以阴文琢刻。整体上看造型准确，刀法简练，线条刚劲流畅，形象生动，立体感强，栩栩如生。蝉体上多处饰有红褐沁色和灰白色的土侵，包浆和刀法纹饰符合汉代器物的特征，是汉代玉蝉中的精品。

指繁体刘字）。又根据五行对应的"五德之运"，应当是"黄"传承"赤"，而"白"传承"黄"。刘氏是赤色，由王莽的黄色传承；而西方从五行来说属金，尚白色，所以公孙述以白色取代王莽的黄色。公孙述的说法使刘秀很为担心，就写信去驳斥，说"公孙"是

> **历史文化百科**

〔厚葬与盗墓〕

汉代从贵族官僚到地主富商，厚葬之风弥漫。墓室内埋葬着不少随葬品，数量不仅可观，有的甚至十分豪华。一遇到灾荒之年，贫困者无衣无食，生活无门就只好去掘墓。据王充记载，在灾荒严重时，盗墓者竟以千万计数。

男裸体俑铜灯（局部）

吗？"群臣说："没有。"公孙述就说："传言不可信，说隗王败亡的话，也是这样的。"隗嚣大将王元来投靠，被任用为将军，领军队和大将田戎、任满等去扼守各地要隘。

赤帝的胜利

建武十一年（35），汉将岑彭溯长江而上，击败蜀军，守将田戎退守江州（今重庆市）。岑彭再沿内江而上，攻到武阳（今四川犍为东南）。光武帝写信给公孙述劝降。公孙述把信交给亲信常少和张隆看，两人都劝公孙述归降。公孙述说："兴废是命运决定的，哪有投降的天子呢！"近臣从此没有人再敢提投降的事。汉中郎将来歙猛攻扼守河池（今陕西凤县）的王元、环安，被环安派刺客杀死。公孙述也派刺客在彭亡聚刺死汉大将岑彭。建武十二年（36），汉将吴汉、臧宫击杀公孙述的弟弟公孙恢和女婿史兴，蜀中将帅开始有人叛降，公孙述虽然加以诛戮也无法禁止。光武帝下诏招降，公孙述还是不加理会。九月间，吴汉斩杀蜀大臣谢丰、袁吉，攻入成都城内。延岑招募壮士，出奇兵，大破汉军。吴汉堕入府河，抓住马尾，才得上岸逃生。延岑又在城外三战三胜，可是公孙述被长矛刺中胸部，当夜就死去。吴汉入城后三天，把公孙氏和延岑家族全部杀死，并纵兵烧掠，城中死难数万人。

一场名为白帝与赤帝之争的兼并战争，至此结束。其实从"白帝仓讹言"一事的出现来看，公孙述心中非常明白，奇迹并没有出现，他之所以坚称自己是承受天命的白帝，仅仅是为了做一次皇帝，哪怕只是朝夕之间也满足了。而刘秀之所以战胜了公孙述，也并不是他真的是赤帝之子，而是在这一场兼并战役中，他在军事力量上远远超过局处巴蜀一隅的"成家"政权而已。

指汉宣帝（汉宣帝是以皇孙身份入继皇统的），而且故意在信后署名为"公孙皇帝"。心知肚明的公孙述，索性不作回答。

建武八年（32），汉军大举进攻隗嚣，公孙述派大将李育去援助，结果全军覆没，蜀中大为震惊。成都城外有一个秦朝留下的粮仓，公孙述把它改名为"白帝仓"，平时仓中空无存粮，就派人放出流言，说白帝仓突然涌出谷米，堆积如山，百姓倾城前往观看。公孙述就问群臣："白帝仓真的涌出粮食

公元48年 〉

公元48年

世界大事记 罗马首次授予高卢贵族以公民权。

〇二四

董宣 正直 《后汉书·董宣传》
湖阳公主 法制 《后汉书·宋弘传》
宋弘

人物 关键词 故事来源

湖阳公主

宋弘是个方正的朝臣，董宣是个强硬的酷吏，都被新寡待聘而又放纵家奴的湖阳公主遇上了。有幸，也有不幸。

皇帝难为媒

光武帝的姊姊湖阳公主刚死了丈夫，光武帝就故意在姊姊的面前议论朝臣，想借此了解姊姊对哪个朝臣有好感。湖阳公主倒是个识货的主儿，脱口说道："大司空宋弘的相貌才德，满朝文武没有一个及得上！"光武帝自然心领神会，但又仿佛有所疑虑，只是淡淡地回答说："得慢慢地想办法。"

宋弘位至三公，是个方方正正的人。他曾把儒生桓谭推荐给光武帝，桓谭确是个满腹经纶而又多才多艺的人，光武帝立即任用他为近身顾问的给事中，官阶不高，可是常在皇帝跟前，也算是个要职。光武帝知道桓谭能弹奏一手指法新颖的琴，不时借故要请他当众弹几曲。宋弘知晓后很不以为然，把桓谭找来数说了一番，而且当面对光武帝说："臣下推荐桓谭，是让他用忠正来辅佐皇上，现在让满朝

文武来听他演奏的靡靡之音，这是臣下的罪过呵！"光武帝只得表示歉意。要把这样的人物招作自己的妹婿，实在是没有把握，何况宋弘是有妻室的人。所以光武帝不敢在湖阳公主面前打包票。

有一次，光武帝找到一个在宫中单独召见宋弘的机会，把湖阳公主安排在屏风后面，然后讪讪地说："俗话说'显贵了要换一批朋友，发财了要换个老婆'，这大概是符合人情的吧！"

占据重要地位的黄金
汉代为收藏和使用方便，将金铸成方、圆、马蹄、元宝形。当时人们使用的金确实是黄金而不是铜，黄金使用频繁且数额大，正好说明这一时期商品经济的发展。黄金多在国家和上流社会流通，故在中国货币史上有"挥金如土"之说。黄金的作用一直占据着重要地位，但汉以后黄金流通量越来越少，这许多黄金后来又到哪里去了呢？这的确是个谜。

> ### 历史文化百科
>
> **〔死亡的不公平〕**
> 汉代一方面厚葬之风盛行，一方面下层劳动人民的生活却贫困潦倒，他们大多死后不能得到埋葬，或为猪狗所食，或露尸于荒野。据《后汉书》记载，周畅为河南尹时，收殓洛阳城旁死者骸骨百余具。

东汉抚琴石俑
四川出土陶俑中较为突出的一件，是绵阳东汉墓出土的抚琴石俑。其塑造了一个孤傲不群地昂首踞坐、双手抚琴的形象，他仿佛正在和曲高歌，抒发胸怀。塑造手法简洁，衣纹流畅，与所塑人物的风神完全一致。在乐山也曾见到相类似的抚琴俑和持箕俑，可能四川这类形象生动的陶俑数量还很多，但在四川以外的地区却较少见到。

也不知宋弘是否听出光武帝的话中之音，他不假思索地就接口说："我只知道贫贱之交不可忘，糟糠之妻不下堂。"光武帝听了大惊失色，也忘记了宋弘就在面前，回过头去就懊丧地说："事情不成了！"

执法严明的董宣

汉光武帝的大姐湖阳公主依仗兄弟做皇帝，骄横非凡，连她的奴仆也不把朝廷的法令放在眼里。湖阳公主有一家奴仗势行凶杀了人，董宣吩咐衙役把凶手逮起来处决了。湖阳公主向汉光武帝告状，汉光武帝听了十分恼怒，当着湖阳公主的面，责打董宣。董宣说："陛下是一个中兴的皇帝，应该注重法令。现在陛下让公主放纵奴仆杀人，还能治理天下吗？用不着打，我自杀就是了。"说罢，他挺起头就向柱子撞去。汉光武帝知道董宣说得有理，但还是要董宣给公主磕头赔礼。董宣宁死也不肯磕头，内侍把他的脑袋往地下摁，董宣硬挺着脖子，内侍大声地说："董宣的脖子太硬，摁不下去。"汉光武帝也只好下命令说："把这个强项令撵出去！"结果，汉光武帝不但没办董宣的罪，还赏给他三十万钱，奖励他执法严明。此图出自《帝鉴图说》。

这件事不光向人们彰示了宋弘个人的品格，更从文化层面上显示出封建社会初期，人们的婚姻观念还保有相当的人情味：寡妇可以改嫁，在权贵面前，人们还可以保留自己所认同的节操。因而，"贫贱之交不可忘，糟糠之妻不下堂"就作为我国古代最有骨气而又最富人情味的格言而传流至今。

仗势恶奴和强项县令

湖阳公主注定还要与为人正直、个性刚强的男子打交道。事过十多年，湖阳公主住在洛阳城中纳福，

地位低下的奴婢

在秦汉社会，奴婢是主人的私人财产，可以任意买卖、赠送。汉代市场往往有专门的"奴市"，是集中进行奴婢买卖的场所。大量奴婢从破产农民转来，从事各种艰苦的劳动。汉代多个皇帝曾下令改善奴婢的待遇。

四川乐舞百戏画像砖

东汉时代的雕塑在题材范围和雕塑技巧上都有很大的进步。作品一般富含动态美，也多能刻画得富有生气、活力。乐舞杂技画像砖反映的是乐舞百戏，上半段是两个杂技艺人，一个作跳丸之戏，另一个左肩上背负小儿，右手持竿顶丸，看来两人艺技都颇为高超。下半段是描写男女两舞人在悠扬乐声中翩翩起舞的情景。整个画面充满了美感。

有个家奴依仗公主的权势，竟大白天在外面杀人，事后躲进公主府中，捕盗的官吏不敢上府中搜捕。不料，当时任洛阳县令的董宣，是个强硬官员，人称"卧虎"。他料定公主外出时，这个恶奴一定会为公主驾车，就设法探知公主外出的日子，守候在公主要经过的洛阳西北角的夏门。公主的专车一到，他就上前扣住车马，把手中腰刀挂在地上，高声责备公主的过失，又喝令这个杀人恶奴下车，并趁势就在道旁把这个器张的杀人犯打死。公主见董宣正气凛然的样子，

也觉得气馁了，调转车头，就到皇宫去向光武帝哭诉。

一个小小的洛阳令，竟不把皇家体面放在眼里，当众羞辱公主，不要说公主生气，连皇帝的脸上也无光；光武帝一怒之下，立即把董宣召进殿来，一顿训斥之后，喝令把董宣也当场打死。

"请让我讲一句话再死！"董宣一面叩头一面说。

"你要说什么？"光武帝冷冷地说。

"陛下圣明使天下得以中兴，可是纵容恶奴杀人，今后将如何治理天下？臣下不必陛下来拷打，让我自杀就是了！"董宣一面说一面就把头猛撞向殿柱，一时血流满面。光武帝连忙叫小太监上前拖住，并让董宣向公主叩头认罪算是了结。可是董宣就是不肯叩头，光武帝让人去硬摁董宣的脑袋，想迫使他叩头到地。董宣就用双手撑住地面，终究没有叩下头。湖阳公主在旁冷冷地说："当初文叔兄弟当老百姓时，家里匿藏个把亡命之徒，官府里的衙役根本不敢上门；现在贵为天子，却连一道命令也执行不了！"光武帝笑着说："当了天子就和当老百姓时不一样了！"说着就下令："让这个犟头颈的县令撵出宫去！"同时赏给董宣三十万五铢大钱。董宣二话不说，转手就把赏钱全部分给手下的大小吏役。

恶奴该杀，董宣该赏，而公主纵奴、皇帝包庇姊妹也是其咎难辞。可是此事毕竟发生在封建时代的皇家，而且又得出如此戏剧性的结局，的确值得史家在"汗青"上大书一笔。如此看来，这个娇贵的湖阳公主，是不是也有点不那么可厌了呢？

光武帝的爱情故事

浪漫婚恋和政治联姻

男欢女悦的婚姻本来就是世俗的常事，而有政治背景的婚姻就不是世俗常事了。但政治婚姻就完全失去世俗的欢悦了么？而世俗的婚姻就都一定欢悦么？

不知从什么时候开始，中国古代的读书人都非常善于谈情说爱，并且留下过无数的才子佳人故事，来点缀那本来就够复杂的中国古代历史。光武帝刘秀也是个读书人，不单在家乡宛城一带读过书，而且还到京城长安去游过学。因而，伴着他的复杂人生经历，也不能免俗地留下过他的特殊爱情踪迹。

当刘秀还在当王莽的顺民时，他曾到家乡附近的新野去游历过，听说新野县城中有个出名的大美人，名叫阴丽华，可称得上是国色天香。尽管从未谋面，他却对这位阴小姐单恋起来。后来他到长安去读书，看到京城巡警总头领——执金吾那车骑壮盛、威风八面的模样，同样也羡慕得很。刘秀情不自禁地对人说："仕宦当作执金吾，娶妻当得阴丽华。"对英雄和美人的渴望，恐怕是古今中外所有血气方刚的青年的普遍心理。刘秀在那时，正是个初涉世事而又身体健康的青年，道出这样的个人梦想，是最自然不过的。

娶妻当得阴丽华
西汉末期，南阳新野(今河南新野)地区有一个非常漂亮的姑娘，名字叫阴丽华。光武帝刘秀还是平民百姓时就听说了阴丽华的美色，心里非常喜欢她。后来，刘秀到了首都长安，见到皇帝的执金吾车骑仪仗整齐威风，不由叹道："仕宦当作执金吾，娶妻当得阴丽华。"后来，刘秀得了势，果然娶了阴丽华为妻。建武十七年(41)，刘秀废郭后，立阴丽华为皇后。明帝刘庄即位后，尊阴丽华为皇太后。阴丽华为后期间，恭敬节俭，不爱玩乐，不喜笑谑，庄重沉静，性格仁孝，富有同情和慈爱之心，待人宽厚。永平七年(64)逝世，与刘秀合葬于原陵，谥光烈。此图出自清末民初马骀的《马骀画宝》。

阴后

偶香天比执金吾想见花容绝世无他

乾元称住配糖稀道邵郭家珠仝周

〉历史文化百科〈

〔东汉的墓里有些什么〕
东汉的墓大多数都被盗掘过，器物所剩不多，仅从残存的部分陶器看，主要器型有仓、磨、猪圈、灶、釜、仓房、瓮罐、奁盒等，少数墓中仍出土有鼎、敦、壶等礼器，同时又出现了诸如熏炉、豆、灯等器物种类。鸡、鸭、狗等家畜家禽明器几乎每墓都有。大多数墓中出土有五铢钱和王莽时期铜钱。

《后汉书·阴皇后纪》
《后汉书·郭皇后纪》

端庄 盟誓 嫉妒

阴丽华 郭圣通

人物　关键词　故事来源

东汉的纺织业

东汉时桑、麻种植的范围比西汉扩大，养蚕和丝织业、麻织业都有很大的发展，纺织技术也有进步。主要丝织品产地在今山东、四川等省，设置有服官，京师洛阳设有织室，专为皇室和高级贵族、官僚制作服装。在"丝绸之路"上发现的属于东汉至魏晋时期的丝织品中，有锦、缎、绫、绮、罗、纱、縠、绸、绢、缯、帛等，所织花纹有流云、鸟兽和吉祥语等图案，还有秀丽古雅的刺绣花纹。麻织织品中最著名的是越布，也叫做越葛，是会稽地区的产品。刘秀称帝后，就把越布列为贡品。皇帝、皇后和贵族、官僚、地主们都喜爱越布，越布名贵一时。

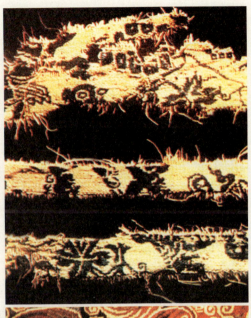

到了刘秀参加反莽义军的第二年，他如愿以偿地在宛城当成里与阴丽华拜堂成亲，新娘子已经十九岁。可是好事多磨，过了年刘秀就奉更始帝的命令到

黄河以北地区去扩充势力，撇下新婚妻子在新野娘家厮守。刘秀在赵魏地区与僭主王郎周旋了近一年，吃尽千辛万苦，在真定遇上拥兵十余万的真定王刘扬，为了把刘扬从王郎一边拉拢过来，他决心娶刘扬的外甥女郭圣通为妻。史书上没有描述郭圣通的容貌如何，可是有一个拥兵十余万的舅舅，在处境窘困的刘秀看来无疑是从天而降的救苦救难的活菩萨，自然是"有宠"得很。

子以母宠，母以子贵

又过了一年，刘秀时来运转，竟然在鄗城草草登上皇帝宝座，郭圣通被立为贵人。随后刘秀定都洛阳，元配夫人阴丽华也被接到皇宫，同样立为贵人。两个贵人，只能有一个可以册封为皇后。此时刘秀身为天子，应该可以按自己的意愿来立皇后了。阴丽华是个宽厚贤淑而又聪明的人，见郭氏已生有皇子，而自己还来不及为丈夫生儿育女，就主动退让一步，甘愿让郭氏为皇后，自己仍当贵人。阴丽华的抉择无疑是顾及大局，对刘秀是一种理解和支持。刘秀后来御驾亲征时，每次总是带上阴贵人，不难看出刘秀对初恋的结发妻子更爱怜些。而阴丽华已适时地在出征途中生下自己的长子，就是日后的汉明帝。

子以母宠，母以子贵。都为刘秀生下儿子的阴、郭两人，恐怕免不了会有所争宠，史书上一笔带过的记录：（建武九年）"有盗劫杀后（指阴丽华）母邓氏及弟䜣"，就很可能不是一般的刑事案件。不过，郭后宠衰是不争的事实，所以史书上说，郭后"数怀怨怼"，也就是说郭皇后已经多次爆发出心中的不满，问题已闹到不可收拾的地步。终于在建武十七年，郭后被废黜，理由是"皇后怀执怨怼，数违教令"。不但郭后被黜回家，成为中山王太后，而且长子刘彊也被废去太子位，成为东海王。

赎罪心理？

不过，光武帝刘秀还算是个仁厚之君，郭后虽废，但对国舅郭况的人品才能，还是依旧很看重的，官禄丝毫未减，反而赏赐有加，而且因为皇恩浩荡，赏赐实在太多，以至于人们把郭家宅称为"金穴"，郭氏一门简直成了个大金矿。这一点，刘秀实在是做得太过分了，人们难免会从中嗅出刘秀的"自疚"的味道。

秦汉时期的尊称语			
尊称语	语义	使用场合	举例
公	对男性的泛用尊称。	①帝王对臣下和百姓；②上司对属下；③友人或地位相近者之间；④江南地区称年长者。	①汉高祖刘邦对商山四皓："烦公幸卒调护太子。"②项梁兴兵，"有一人不得官，自言。梁曰：'某时某役，使公主某事，不能办，以故不任公。'"③钟离眜谓韩信："公非长者。"④《三国志·吴书·程普传》载，程普年长，故时人皆呼为"程公"。
子	对男性的尊称。	①地位高者对地位低者；②地位相近者。	①汉武帝谓牧羊者卜式："吾用羊在上林中，欲令子牧之。"②两汉之际，前中山相张纯语前太山太守张举："子若与吾共率乌桓之众以起兵，庶几可定大业。"
足下	对男性的尊称。	被广泛使用于各个阶层和各种场合中。	西汉游士曹丘对季布说："足下何已得此声梁、楚之间哉？"
君	①对男性的尊称；②妻子对丈夫的称呼；③子女对父亲的称呼。	①地位高者对地位低者；②地位相近者之间；③第三人称的敬语（表示很大的敬意）；④妻子对丈夫；⑤子女对父亲。	①惠帝问萧何："君即百岁后，谁可代君？"②文帝右丞相周勃谓左丞相陈平："君独不素教我乎？"③东汉胶东侯相吴伟允死囚毋丘长与其妻在狱中同居生子，"长泣谓母曰：'负母应死，当何以报吴君乎！'"④《后汉书·列女传》载王霸妻劝其夫曰："君少修清节，不顾荣禄。……奈何忘宿志而惭儿女子乎！"⑤《汉书·王章传》载，王章全家下狱，其女夜起号哭："平生狱上呼囚，数常至九，今八而止。我君素刚，先死者必君。"
卿	①对男性的尊称；②夫妻间相互尊称对方。	①地位高者对地位低者；②地位相近者之间；③夫妻之间。	①东汉章帝谓侍中窦宪："卿宁知崔骃乎？"②东汉中期大将军梁冀长史吴祐谓马融："卿何面目见天下之人乎？"③《焦仲卿妻》描写焦仲卿与妻子的交谈："府吏谓新妇：'贺卿得高迁。'"
先生（简称"先"或"生"）	对文人的尊称。	对学识渊博者和普通读书人都可用此称呼。	武帝谓博士狄山："吾使生居一郡，能无使虏人盗乎？"
父老	对老年男子的尊称。	楚地方言。	文帝问冯唐："父老何自为郎，家安在？"
夫人	①对已婚妇女的尊称；②丈夫对妻子的称呼。	①对已婚妇女；②丈夫对妻子。	①《汉书·外戚传上》载老者相田间耕作的吕雉曰："夫人天下贵人。"②汉武帝谓李夫人："夫人弟一见我，将加赐千金。"
母	对老年妇女的尊称。	对老年妇女。	《汉书·韩信传》载，韩信感谢收容他数十日的漂母说："吾必重报母！"

公元57年 公元 57 年 >

世界大事记

不列颠布里甘特王国首领维纳修斯举事，为罗马军团所镇压。

《后汉书·杜诗传》

杜诗 民本 善思
刘秀

人物 关键词 故事来源

〇二六

杜诗的发明

除暴安民，世祖慧眼识才

杜诗是今河南省卫辉市人，起初他一直在官府中做下级官吏。公元25年光武帝建立东汉时，杜诗正巧被调到都城洛阳维持京城的治安。当时，朝廷的大将军萧广恃功自傲，专横跋扈，而且纵容手下士兵在洛阳城中为非作歹，残害百姓，弄得人心惶惶。杜诗劝萧广要爱惜百姓，对下属严加管教，安民自敛。但是萧广却屡教不改，杜诗根据律令杀掉萧广，光武帝刘秀听说后，便召见杜诗，称赞他不畏权贵、除暴安良的精神和勇气，还赏赐给他宝剑，以表示对他的器重。从此，杜诗的名声大噪，在朝廷中威信大增。不久，杜诗被派到河东地区去讨伐杨异。

西汉时期，人们在铸造农具时，用人力或马力鼓动风箱冶铸。耗时费力却事倍功半。东汉初年，南阳太守杜诗经过实际考察，发明了一种利用水力鼓动风箱的工具，即水排。

水排模型

我国从春秋后期开始，就用皮囊鼓风冶铁。这种皮囊两端细、中间鼓，在挂起与压缩的过程中将风吹到冶铁炉中，这样的操作过程就称为"鼓风"。随着冶铁业的发展，冶铁炉的容积不断增大，所需的风囊也相应增加。因多个囊排在一起鼓风，所以又称为排囊。东汉初年，杜诗任南阳太守，发明了水排，用水力鼓动排囊，铸造铁器。《后汉书·杜诗传》有"造作水排，铸为农器。用力少而见功多，百姓便之"的记载。水排的发明，标志着汉代冶铁技术和规模已达到较高的水平。

建功立业，谦逊堪称楷模

杜诗被派往河东以后，听说杨异想渡河北上，于是便将计就计，命令手下将士迅速烧掉他们的船只，并亲自率领精兵强将从后面突袭贼兵，杀掉贼首杨异，彻底消灭了这些匪兵。

杜诗虽然为朝廷筹策谋划，南征北战，劳苦功高，但是他并没有将这些作为升官的资本，反而要求皇帝给他降职，他在给皇帝的上书中写道，陛下现在最主要的是对付匈奴的侵扰，当务之急是要安定朝廷的边患，奖赏作战的将士，招降北方的部族，同时要免除徭役赋税，只有这样，将士们才能英勇作战，保卫边疆。而我本来是一个无名之辈，只是因为有幸得到皇上的抬举赏识，才能官至太守。我虽然身居高位，却不能为皇帝分忧，实在是很惭愧，希望朝廷能给我降职，让我做一些力所能及的事情。杜诗的言辞真诚，感人至深，但是由于皇帝爱惜人才，并没有得到批准。

发明水排，造福千秋后代

杜诗能为国家设想，不顾及个人私利，正是这种难能可贵的品质和为国分忧、

东汉高炉模型

河南是发现汉代冶铁遗址最多的地区，不仅分布集中而且规模较大。1975年至1976年考古工作者对郑州古荥镇冶铁遗址进行了系统发掘。除出土大量遗物和发现许多遗迹外，两座东西并列的竖炼炉是其最重要的发现。炉基下部和炉前工作面连在一起。炉缸呈椭圆形，系用含 SiO_2 较高的黄土夯筑而成。其中1号炉炉缸长轴约4米，短轴约2.8米，面积8.5平方米。据研究1号竖炉原高达5米，有效容积约50立方米，日产生铁可达1吨左右，这是目前我国发现的古代容积最大的炼铁炉，在世界上也居领先地位。

为民解难的精神，使杜诗获得了百姓的爱戴。杜诗曾在南阳，(即今河南省南阳市)任职，汉水的支流白河贯穿其中。因此，这一地区水资源比较丰富。土地也大多是由河泥淤积而成的平原，比较肥沃。加之气候温和，降雨量比较丰富。所以，当时的南阳农业和水利都比较发达。农民使用的农具也在不断得到改进。但是要制造先进的农具，就必须有较高的冶铸技术。冶铸技术提高的关键，在于鼓风设备的改进。先秦时期，人们为了提高炉温，都用皮囊鼓风。以前，要想成为一个冶铸匠师，就首先要学会缝制皮囊的技术，可见，人们对鼓风设备的重视。杜诗到南阳做太守之前，当地的人们主要使用人力和马力来增加炉温，炼制铁器，耗时费力，严重影响了铁农具制造技术的改

良。为了提高效率，他经过反复研究，发明了一种用水力来拉动风箱的工具，就是后来的水排，这种工具又省力又见效，比此前用马力鼓风的效率提高了三倍，可以说是东汉时期冶铁技术的重大创新。这种先进技术的应用，大大节省了开支和民力，得到百姓的交口称赞。因为在西汉时期，南阳太守召信臣为当地的农田水利建设作出了杰出的贡献，人们非常爱戴他，称之为"召父"。鉴于杜诗的成就，人们将他与召信臣相提并论，赞誉他们为"前有召父，后有杜母"。

就是这样一位为国为民的太守，去世后，却因为家中贫困，没有田宅和值钱的东西，连丧事都办不了。他的朋友就上书朝廷，说明了杜诗的情况，朝廷于是赏赐绢丝千匹，为他办理了丧事。　〉孙水庆

〔反映东汉社会经济文化的《四民月令》〕

《四民月令》，东汉崔寔著，依照《礼记·月令》的体例，逐月记述了一年中士、农、工、商四民的生产和生活情况。内容有禾、麦、黍、麻、豆等农作物的种植，树木、家禽、蚕桑、蔬果的经营，以及祭祀、社交、教育、饮食、医药等方面的活动原书已失，现在只有辑佚本，其中反映了东汉时社会的经济文化状况。

公元58年 公元 5 8 年

世界大事记 罗马军攻克亚美尼亚旧都阿尔塔夏塔城，毁之。

卢芳 日逐王比 和亲

《后汉书·卢芳传》《后汉书·南匈奴传》

人物 关键词 故事来源

〇二七

匈奴分裂

因为有了掠夺和奴役，兄弟也会变成不同的部和族；只要摒弃了各种形式的掠夺和奴役，所有的部或族就又都是兄弟。

秦汉两个王朝，一直被北方的游牧民族匈奴所困扰着：被崇拜者誉为千古一帝的秦始皇帝，差一点被"亡秦者胡"这句谶言弄得失去使用武力的方向；而如旭日东升的刘氏汉王朝的初期君臣们，在经过多次的军事胜利和失败之后，一致认为和亲政策才能使王朝永固千秋。西汉王朝毕竟是个幅员辽阔、国力强盛的泱泱大国，在与匈奴时而和亲、时而交恶的相处中，让匈奴不知不觉地到达一个衰弱萎缩的低谷；特别因王昭君下嫁的关系，呼韩邪一支甚至常有入朝的想法。到了王莽时期，这个古怪的篡位者对匈奴又是改换单于印玺（改原"匈奴单于玺"印文为"新匈奴单于章"），又是要改"单于"为"善于"、改"匈奴"为"恭奴"；时而无端大加赏赐，时而轻易兵戎相见。而熟知中原政治变化的匈奴，在中原政局遽然变化中，又重新建立起自己的信心。东汉政权建立伊始，匈奴又成为中原王朝的无法消解的梦魇。

匈奴与汉是兄弟

建武初年，功劳不小的渔阳太守彭宠，因不满汉光武帝的赏罚不均，再加上光武帝和朱浮的故意构陷和煽动，一步一步走上愚蠢的反叛之路。此时，匈奴第一次插手东汉政权的内部事务：匈奴在彭宠的美女金帛的贿赂下，派出七八千骑士支援彭宠。另外，在王莽末年，安定三水人卢芳趁人心思汉的时候，自称是汉武帝的曾孙刘文伯，与当地羌、胡一

同起事。更始时期，三水地方豪强立卢芳为上将军、西平王，并与西羌、匈奴和亲。匈奴单于认为：匈奴与汉是兄弟，当年匈奴中衰，汉支持呼韩邪；现在汉也衰败，卢氏来归附，我们也应当支持他们，使他们尊奉我们。于是把卢芳接入匈奴，立为汉帝；因五原人李兴、随昱和代郡人石鲔、闵堪都起兵响应卢芳，就把卢芳送回来，在九原（今山西新绛北）建都。卢芳在汉军的攻击下，部下叛溃，投降归汉，被封为代王，但不让他入朝。卢芳在疑惧之下，逃回匈奴十余年后病死。建武二十年（44）匈奴曾攻到上党、扶风、天水诸郡，翌年又攻掠上谷、中山等地。东汉王朝北部边地，再也没有太平清静日子。

"兄终弟及"传统的破坏

匈奴虽然复兴，可是内部矛盾却尖锐起来。匈奴单于舆，为了把单于位传给儿子，把按匈奴"兄终弟

融于百姓生活的牛车
牛车在汉代不仅是用作运载的工具，而且也是民间的主要乘车工具，十分普遍，但贵族是不乘牛车的。此图为东汉的青铜牛车。

公元60年

及"传统应当继承单于位的右谷蠡王伊屠知牙师（王昭君所生）杀死。这件事使单于舆的侄子右奥鞬日逐王比感到自己继承单于位的可能性不复存在，非常气愤，而很少参加单于王庭的活动。单于舆知道侄子的心思，就派两个骨都侯去监领日逐王比所统辖的部队，防止反叛。匈奴单于舆在建武二十二年（46）去世，儿子左贤王（相当于嗣子）乌达寋侯立为单于，随即死去，弟蒲奴又被立为单于。比见当单于无望，心中愤恨不已。当时，匈奴境内"连年蝗灾，赤地数千，草木尽枯，人畜饥疫，死耗太半"，东面的乌桓部族不断侵袭。蒲奴担心东汉也会乘机来攻，就派使者到洛阳去和汉军接洽，要求和亲。东汉朝廷派中郎将李茂前去答复。日逐王比同时也派汉人郭衡带着匈奴的版图到西河太守处去要求内附。

讨伐北匈奴（鸡鹿塞遗址）

匈奴在光武帝时分裂为南、北匈奴，其中南匈奴降汉。永平十六年（73），明帝采纳耿秉建议，分兵四路出击北匈奴，三路无功，唯最西一路是奉车都尉窦固、骑都尉耿忠所率之酒泉、敦煌、张掖三郡兵与庐水羌胡一万二千骑，出酒泉塞，击败匈奴呼衍王，追至蒲类海（今新疆巴里坤湖），置宜禾都尉，屯田伊吾（今新疆哈密）。翌年，再命窦固、驸马都尉耿秉击平车师前、后王，重置西域都护，再断北匈奴之右臂。北匈奴困窘，南下降汉者日多。和帝永元元年（89），窦固、耿秉的汉军出鸡鹿塞，会合南匈奴，在稽落山又大败北匈奴，追逐五千里，在燕然山（今蒙古杭爱山）勒石记功而返。永元二年，汉军又连续大破北匈奴，出塞五千里，单于逃遁。此后鲜卑在匈奴故地兴起，北匈奴部分降于鲜卑，部分西迁。

五彩斑斓的毛毯

这条五彩斑斓的毛毯出土于新疆若羌县楼兰故城东北郊的东汉墓中。毯为双面植绒，绒的颜色有紫红、粉红、蓝、绿、橘黄、本色等，十分华丽。

南匈奴和北匈奴

比的行为被骨都侯发觉，趁五月去龙城参加龙祠大会，劝单于蒲奴诛杀比。比的弟弟渐将王在单于帐办事，听到消息立即飞马去报告比。比聚集辖下八部的四五万人马，只等两个骨都侯回来。两骨都侯刚回到比的王所，就觉察到比的预谋，立即带着帐下轻骑，逃回单于王庭。蒲奴单于派一万骑来攻击比，看到比的兵马众多，不敢进攻，退回单于庭。翌年春天，比所在八部的大人酋长共同推戴比为呼韩邪单于。因为比的大伯父呼韩邪曾归依西汉，使匈奴得以安定，所以袭用他的名号；向汉朝廷表示"永为蕃蔽，扞御北虏"。光武帝同意后，比在十二月正式称呼韩邪单于。从此，匈奴分裂为南北两部。

建武二十五年（49）春天，南单于比派其弟左贤王莫出兵攻击北匈奴，生擒其左贤王和部众万余、马七千匹、牛羊万头。北匈奴大惊，向北撤退千里。北匈奴的奠鞬骨都侯和右骨都侯率领三万部众归附南单于。南单于也明白向汉朝称臣。第二年，汉朝廷派中郎将段郴出使南匈奴，为南单于在距离五原西部塞八十里的地方建立南匈奴王庭。南单于与使者见面时，使者段郴说："单于应当伏拜接受诏书。"南单于左顾右盼了一会，才伏地称臣。下拜后，南单于通过译员向使者说："我刚刚立为单于，在左右面前拜伏在地，使我很难堪，希望使者在大庭广众前不要折压我。"在旁的骨都侯等大臣都流下眼泪。使者回朝

后，有诏书说"听任南匈奴居留在云中（治所在今山西原平西南）一带"。这年的秋天，南单于派儿子入朝为侍子。汉朝廷则颁赠许多单于所用的冠带衣裳、珍宝仪仗等物件，还另赠米粮二万五千斛和牛羊三万六千头给部队，又派中郎将带安集掾史去监护南匈奴。

后来南单于定居在西河，诸侯王则分成在北地、朔方、五原、云中、定襄、雁门、代郡等郡的边缘地带，成为北匈奴与汉之间的缓冲，这种情况基本维持到东汉末年。

东汉玻璃瓶

汉代的玻璃器皿继承了战国的传统，并在数量上有所增加。此图为东汉饰有多道弦纹的玻璃瓶，美观精致。

马援蒙冤

马援为什么蒙冤：过于正直？不懂得官场礼数？过于热心功业？挡了小辈的前程？还是别有什么隐情？

马援因为说过"男儿要当死于边野，以马革裹尸还葬"这句话，而且果真亲自实现了，而成为历史上的名人。然而，这位曾经战功显赫，为人正直，又身为国戚的将军，却是命运多舛，为国捐躯后，差一点不能堂堂正正地入土为安，可以说是东汉初年，功臣中蒙冤第一人。

得罪显贵　种下祸根

马援的父亲早死，三个兄长都很有才能，做到二千石的大官。他本人也是才大志高，未发迹时在郡里当督邮，因故意放走重犯而亡命到北地郡，在那里干起畜牧营生，在当地很有威望，王莽就任命他为汉

中太守。王莽灭亡时，马氏兄弟避乱到凉州去。到刘秀称帝时，次兄马员先去投奔刘秀，而马援则受到在陇中的隗嚣的赏识，留在身边当参谋。马援清醒地看出当时各地割据者都不是刘秀的对手，就趁护送隗嚣的长子隗恂到洛阳当人质的机会，把自己的家属一起迁居到洛阳，从此成为刘秀的追随者。

归汉之后，马援先是参与平定隗嚣，随即以太中大夫身份协助来歙出兵凉州，把金城、武威一带的羌豪逐出塞外，不久又主持远征在交阯反汉的征侧、征贰，并因功拜为伏波将军、新息侯。凯旋洛阳仅月余，又奉命出征赵郡、代郡和上谷郡一带的乌桓。直到六十二岁高龄还自告奋勇，率军征讨武陵郡的五溪蛮，最后病死在辰州前线。可是马援在军中病危时，朝廷正在派使者到军前，要剥夺马援的军权。

原来，在征乌桓时光武帝正倚重马援，令百官到大道前送行。马援对小辈黄门郎梁松和窦固说："大凡人们显贵之后，还是有可能重新变为贫贱，所以身在高位一定要努力把握好自己。"第二次征乌桓之役结束后，马援曾卧病在家，梁松来问候，在床前下拜。马援大大咧咧地接受了梁松的跪拜礼，而不是一般对待贵客那样作答拜。梁松离去，子侄问道："梁松是皇帝的娇婿，在朝廷上受到格外尊重，连公卿也没有不怕他的，老尊长为什么不作答拜礼呢？"马援说："我是他父亲的朋友，他虽然显贵了，可我怎么能为他而不保持长辈的尊严？"梁松对这两件事都怀恨在心，时时想进行报复。

马革裹尸马将军
马援是东汉名将，大半生都在"安边"战事中度过，为国尽忠，殒命疆场，实现了自己马革裹尸的志愿。他进身朝廷，完全以自己的功劳，身居高位，也不结党营私。在进击西北羌人、北方匈奴、乌桓、南方蛮夷及交阯等战争中建立威名。曾任贲中郎将、伏波将军等，受封新息侯。

马援　梁松　汉明帝
奸佞　屈辱
《后汉书·明帝纪》《后汉书·马援传》

人物　关键词　故事来源

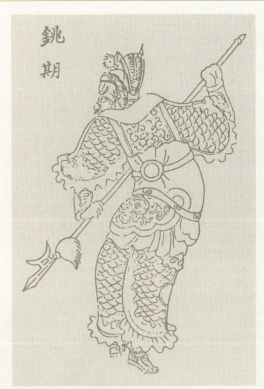

铫期教子

铫期是东汉初年著名的将军，作战勇敢，治军纪律严明，深得东汉光武皇帝刘秀的宠爱，被封为食邑五千户安成侯。铫期对两个儿子十分爱怜，但从不让他们依仗门第恣意行事。铫期患重病卧床不起，老母亲恳求铫期向皇帝提出由子承袭安成侯爵位。铫期对母亲说："这些年来，我受国家恩待深厚，但为国家做事甚少，一想到这些，我就觉得很羞愧。现在不行了，在抱恨以后再不能为国家出力，哪里还想到为儿子们的荣华富贵向朝廷伸手讨要，让他们去承袭什么爵位呢？"说罢又对儿子说："你们要自立自重，万不能向国家索要什么。伸手讨要是可耻的！"说完，他闭上了眼睛。此图出自清刻本《新刻批评东汉演义》。

小人的诬陷

出征五溪蛮时，一班武臣和权贵子弟马武、耿舒、刘匡、孙永等人作为副将从征，马援就预感到事

东汉"轩车骈驾"画像砖

1978年四川新都马家乡出土，四川省博物馆收藏。砖面浮雕三马驾一车，一杆撑盖，另有四条牵带约束车盖。轩车装饰华丽，两壁饰方格纹，车后悬挂菱形格幡。古代称有幡的车为轩车，供大夫以上官吏乘坐。三马皆断鬃结尾，周身彩饰，马腿以不同的姿势散乱列出，画面显得繁复。

情不妙。果然在追击五溪蛮的路线上，彼此发生了争执：耿舒主张从道路平缓但补给线很长的充道出击，而马援主张从路程短近但水势凶猛的壶头道出击，而光武帝同意了马援的意见。可是，因为水险暑盛，马援又因暑染病，征途受阻。耿舒就写信给其兄长大功臣耿弇，说自己的策略如何高明，如果得到采用，敌人早就消灭了；而马援进一步，停一停，结果作战失利，士兵生病，大家愁苦死了！耿弇拿到书信就去禀

历史文化百科

〔显贵家族——门阀〕

东汉时期，显贵家族的正门外竖有两柱，左柱称阀，右柱称阅，用以夸耀功绩，这种门第较高的豪族世家就被称为阀阅或门阀。东汉以后，随着士族制度的发展和兴盛，门阀士族子弟逐渐在政治、经济、文化等方面享受特权，他们生活糜烂，纵情声色犬马，隋唐以后逐渐腐朽没落。

报光武帝。光武帝立即命令梁松为虎贲中郎将，乘驿车直抵前线，去责问马援，并取代马援的监军之职。正巧马援已病死在前线，梁松就一手编造马援的罪状，上报朝廷。光武帝大怒，立即收缴马援的新息侯印绶。

马援"马革裹尸"回到洛阳，尚未下葬，而谣言诬词又铺天盖地而来，说马援在远征交阯的时候，带了整整一车的"明珠文犀"回家，有从征的国戚马武和大司徒侯霸的儿子侯昱等人出面作证。光武帝更加恼火，吓得马援的妻儿不敢把马援送回家乡安葬，就在洛阳城外买几亩荒地，草草掩埋了事，连部下吏属都不敢参加葬礼。

马援的大佢儿马严是个很有些侠气的人，就陪着婶婶和堂兄弟一起身缚草索，到皇宫前请罪。光武帝为了说明自己严惩马援的理由，就把梁松在军中上报的文书拿出来给马援夫人看，这才揭出马援获罪的根源。马夫人就先后六次上书为马援辩冤，讲清马援征交阯带回的是一车子的薏实，是去风痹、除邪气的药物，只因权贵们讹诬才成罪的。马夫人的辩词哀婉真切，光武帝这才准许将马援归葬家乡。

也许另有隐情

光武帝去世，明帝刘庄即位，次年由太后做主，立马援的女儿为皇后。马援的女儿虽然贤惠淑德令人钦佩，可是长得又高又大，不是个娇小的美人胚。不久，明帝下令画中兴功臣邓禹、马成等二十八将像在南宫云台，后又加上王常、李通、窦融、卓茂四人，合为三十二人，独独没有功劳卓著的马援。东平王刘苍感到奇怪，就当面问明帝，明帝只是笑而不答。公开的理由是：马援是国戚，所以不宜图形于云台。其实，三十二人中，皇亲国戚大有人在，马援之所以不在云台功臣之列，一定另有隐情，只是文献中没有留下确凿记载。

汉代灰陶院落

建筑是最具象征性的艺术，是时代精神与人们意志的表征。这座灰陶院落可分拆组装。整体是由门房、阙楼、厢房、厨房、仓楼、猪圈等组合严整的四合院。门房为悬山顶单层建筑，上作瓦垄，阙楼位于院落左前方，与门房相连，其平面近方形，下层小上层大，为四阿顶建筑，层次较高，为院落的制高点，要用于瞭望观察和安全防范。厨房位于院落左侧，悬山顶单层建筑。正房位于院落后部，与门房相对，为悬山顶单层高台建筑，平面近长方形，前壁偏右侧开门，下有五级台阶，门上有三角形窗，两侧各开一方窗。仓楼位于门房东侧，为两层悬山重檐建筑高台建筑。平面近长方形，仓身置于台基之上，有两道楼梯，呈倒八字形。两侧各开一圆孔，二层前壁开三个方形窗，后壁开七个三角形镂孔窗。猪圈位于院落的后角，呈平面方形，猪圈上有悬山顶式厕所，脊上卧有8只鸡。院内卧有一狗，昂首仰视。这个院落不仅形象地反映了汉代民间院落的基本布局，也具有十分浓厚的家庭生活气氛。1959年河南郑州南关汉墓出土。

桓谭不读图谶

富于才情的佳士

桓谭本是西汉成帝时代的人。他的父亲是太乐令，所以他也通晓音律，善于鼓琴，而且博学多才，通习五经，文笔甚佳。他为人随便，不注意仪表，而且喜欢非议那些庸俗的儒生士人，所以不受人们的欢迎，在哀帝、平帝时，官职低微，但与皇后的父亲傅晏交情很好。

当时，哀帝的嬖臣董贤正得势，其妹封为昭仪，而皇后正受到皇帝的疏远，因此傅晏很为失意。桓谭说："现在情势危险，要当心董昭仪通过挑拨离间来夺取后位！"傅晏大惊，请教对付的办法。桓谭说："刑罚

桓谭是个跨西汉、东汉两朝的才情之士。可惜不懂得新王朝是因谶纬而得以兴起的道理，失去了与一位英主相遇合的机会。

不会加在无罪的人身上，而且邪不压正。一般说来，士人用才智来谋求君王的信用，女子则用献媚来博取君王的爱宠。皇后年纪尚轻，为了保持自己的地位，说不定会去求助于巫婆之类的人物，一定要设法防止。君侯你也可能会多招门客来抬高自己，这样正好招来舆论的非议。所以，君侯也应遣散门客，平时多加谦虚谨慎，这样就可以避免别人用奸邪的手段来加祸于你了！"傅晏就完全按桓谭的办法行事。后来，董贤果然派太医令真钦来调查傅家的情况，还逮捕了皇后的弟弟侍中傅喜，结果抓不到丝毫可以加罪的地方，傅家才保得平安。

王莽图谋篡位时，全国上下的士人都争着来吹牛拍马，唯独桓谭默不参与。结果，王莽称帝后，却任用他为掌乐大夫；更始入长安时，又任用他为太中大夫，都是表示对桓谭的尊敬而已。

《白虎通德论》：经学的谶纬化

谶，是方士们把一些自然现象作为天命的征兆编造出来的隐语或预言。纬，是对经而言，是方士们用诡秘的语言解释经义的著作。最早的谶书是《河图》、《洛书》。纬书的内容萌芽于伏生的《尚书大传》和继起之董仲舒的《春秋阴阳》，但到武帝时才出现托名于经书的纬书。当时六经和《孝经》都有纬书，总称《七纬书》。谶书和纬书合称为"谶纬"。这些书的内容虽包括一些有用的天文、历法、地理和古代传说，但绝大部分荒诞不经，可以穿凿附会地随意解释，所以王莽、刘秀等都利用它们来改朝换代，取得帝位。在中元元年(56)，谶纬书被定为功令必读之书，其地位实际上凌驾于经书之上。章帝时召儒生在白虎观讨论五经同异，由班固写成《白虎通德论》，把谶纬和今文经学糅合一起，使经学进一步谶纬化。

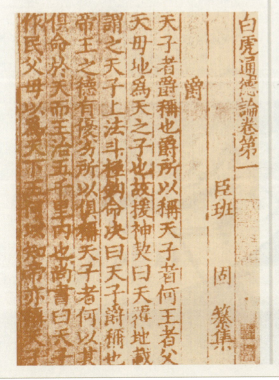

>历史文化百科<

〔一种带有图画的的预言——图谶〕

图谶是谶纬的一种，带有预言式的图画。在崇拜宗教迷信的社会氛围中，统治阶层经常以之作为思想工具，将政权的获得作为天命所归，加强自己的统治基础。

"臣不读谶"

刘秀称帝，要求百官上书表明各自的态度，桓谭上书议论政事，不合光武帝的心意，就未加任用。后来经大司空宋弘的力荐，桓谭被任命为议郎给事中，这对一个老资格的朝官来说，并不太适合，但总算是一个清要的官职了。光武帝喜欢的只是不时让桓谭在宴会上操琴而已，使得宋弘很不高兴。作为议郎，桓谭常上书议事，可是都不合光武帝心意，反倒惹得光武帝愈来愈不喜欢桓谭。有一次，群臣讨论皇宫前的"灵台"应建在什么位置，一时众说纷纭，光武帝对桓谭说："我想还是用谶言来决定吧！"桓谭耽了半天，才说："臣不读谶。"光武帝追问，为什么不读谶！桓谭就说了一通谶纬之语是荒诞不经的道理。光武帝大怒说："桓谭反对圣人，目无王法，拉下去斩了！"吓得桓谭不断叩头，直到额头出血，才得到宽恕。随即，桓谭被贬出京城，到六安去当郡丞。桓谭闷闷不乐，在半路上病死了。这时他已是七十多岁的老人了。

说实在，光武帝不是不能欣赏桓谭的才能。桓谭所撰的《新论》，就很得光武帝的赞赏，并在光武帝的建议下，把各篇都分成上下篇，以便阅读。令光武帝生气的只是桓谭反对谶纬。光武帝是靠谶纬的舆论作用，顺利地在群雄中崛起，又在《赤伏符》的直接促动下，才登上皇位宝座的。也许因为，在一个正直的儒生说来，谶纬是荒诞、是落后；在一个皇位角逐者来说，谶纬是工具，是护身符。刘秀和桓谭这一对出色的君臣，无法在这一点上互相沟通，失去一个知遇和投合的机会。

东汉石雕艺术瑰宝：盘龙石砚

石砚由砚盖和砚座两部分组成。砚座石质呈棕褐色，座底有等距离高浮雕兽形三足，三足中间的圆形图案中有篆书"五铢"二字。砚面一周与砚盖相扣合处，隶书阴刻"延熹三年七月壬辰朔七日丁酉君高迁刺史二千石三公九卿君寿如金石寿考为期永典启之砚直二千"42字。砚盖石质呈蓝黑色，六条相互盘绕的龙在波浪中昂首跃出水面，六龙首共戏一宝珠，形成盖钮。宝珠上刻一"君"字。整体设计构思巧妙，独具匠心，集圆雕、浮雕、镂孔透雕、阳刻、阴刻等雕刻技术于一体，雕出水兽、莲瓣、波浪、飞龙和宝珠等物象，巧夺天工，堪称东汉石雕艺术瑰宝。

世界大事记

圣马可犹太开始在埃及亚历山大城传播基督教义。

○三○

倭奴国风情

在汉朝的三韩国的东南、到会稽郡东冶之东的大海中，有被汉朝廷称为倭奴的百余个岛国。汉代的会稽郡辖境辽阔，相当于现今长江以南的江苏、浙江全省（除天目山以西的小部分）和福建全省，治所在吴，就是现在的苏州。东冶即今之福州市。百余个岛国的首领多数称王，实行世袭制，其中的大倭王居住在邪马台。

那些岛国的土地适宜种水稻、苎麻、桑树等作物，有些国家气候暖热，冬夏都生长蔬菜。居民确实掌握了养蚕和纺织技术，可是缝制技术极一般，男人的衣服几乎就是用一幅布横着裹住身体；女人的衣服就像用一条被单从头裹穿；男女老少都不穿鞋袜，光着脚。因为女人的数量远远超过男人，实行的是一夫多妻制。女子用丹朱粉涂抹身体，不淫乱，也不妒忌。饮食有陶器，但用手抓着吃。没有凳椅，都是蹲坐或跪坐，而以蹲坐为恭敬。人死，停尸殡仪十余日，家人哭泣，不进酒食，而与死者同辈的人可举行歌

汉倭奴国王

公元1784年在日本九州筑前国粕屋郡志贺岛出土了一枚黄金印，印文为"汉倭奴国王"。如果此印是真实可靠的文物，那么它是汉朝同倭奴国关系的见证。

舞取乐。习俗和法律都很严厉，若有人犯法，轻则没收妻子儿女，重则满门抄斩。那些岛国都没有野兽，也是一种奇怪的现象。

由于是岛国，造船和航海都比较熟练。不过，航海中有一种奇怪的习俗。在出海前选取一人，此人不准沐浴，不准吃肉，不准和女人同居，称他为"持衰"。出航时就带着"持衰"，若行程吉利，就送财物；若途中有人生病或遇到其他凶险，就认为"持衰"不谨而把他杀了。岛国倭人的风俗非常独特。

神秘的女王

在东汉的桓帝和灵帝期间，因为大倭王的去世，而且断绝了继承人，大小倭奴岛国互相攻打，一片混战，历年无主。此时有一个能施行妖魔法术、装神弄鬼的年长处女出了名，她名叫卑弥呼。不少倭奴国王被她的妖术所迷

汉印中的精品——广陵王玺、汉倭奴国王印 1981年在江苏省邗江县甘泉山2号东汉墓里，出土了一方纯金铸成的印章，上有"广陵王玺"四个字，堪称是汉印里的精品。左为1784年在日本出土的"汉倭奴国王"印。

中国大事记

中国始见崇佛记载，诏书称楚王英“尚浮屠”。

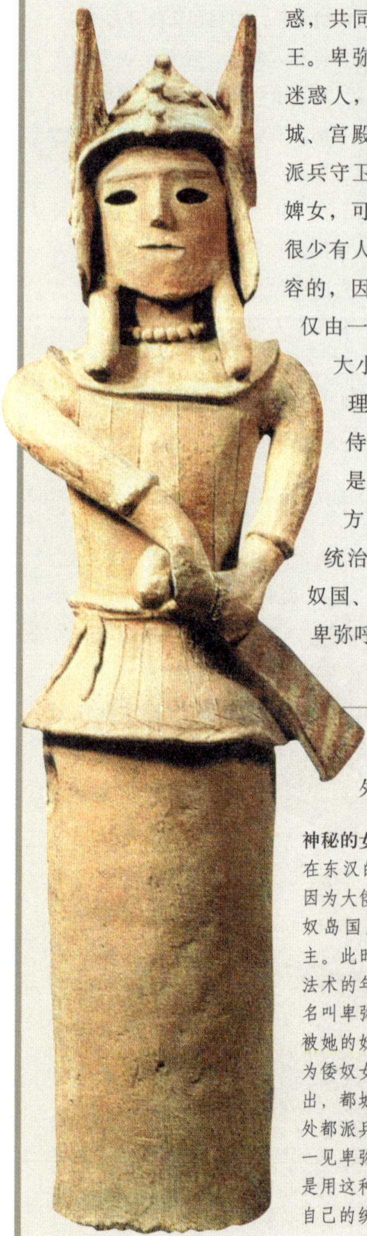

惑，共同推举她为倭奴女王。卑弥呼为了能进一步迷惑人，就深居简出，都城、宫殿和所有的居处都派兵守卫，选用千余人作婢女，可这千余个婢女也很少有人能一见卑弥呼真容的，因为她的饮食起居仅由一个男子照料，连大小国事、私事的处理意见都由这个男侍传达。卑弥呼就是想用这种神秘的方式来维护自己的统治。但毕竟还有拘奴国、黑齿国等不接受卑弥呼的统治。

汉代的属国

提起海外的岛国，人们都会想起秦始皇派徐市（音fú，也写作福）去海外寻求长生不死之丹。徐市带了数千个童男童女一去不复返，据传到了东瀛，即现在的日本。汉武帝大规模地开疆拓土，征服朝鲜，使之归入西汉的版图；又派船队出海，同诸多倭奴国交往，有三十余国同西汉朝廷通使。

东汉光武帝中元二年（57），倭奴王派使者进贡，愿意称大夫。光武帝接见了使者，并颁发了象征汉朝诸侯王权力的印章和绶带。安帝永初元年（107），倭奴国王帅升亲率使团，朝见安帝，并献生口160人。这些事迹反映了汉朝同倭奴国的关系。

1784年在日本九州筑前国粕屋郡志贺岛出土了一枚黄金印，其地在今日本的福冈县志贺町。这枚金印2.4厘米见方，印文为“汉倭奴国王”，蛇形印钮。出土的文物本不应该怀疑，可是日本学者曾一度因为此印章中没有“印”字或“玺”字，而怀疑它为伪物。过了一百七十余年后，始有日本学者小林斗盦撰写

神秘的女王（日本陶俑）
在东汉的桓帝和灵帝期间，因为大倭王的去世，大小倭奴岛国互相攻打，历年无主。此时有一个能施行妖魔法术的年长处女出了名，她名叫卑弥呼。不少倭奴国王被她的妖术所迷惑，推举她为倭奴女王。卑弥呼深居简出，都城、宫殿和所有的居处都派兵守卫，很少有人能一见卑弥呼真容，卑弥呼就是用这种神秘的方式来维护自己的统治。

历史文化百科

〔古国朝鲜〕

西汉初年，卫满率领一千多人逃到朝鲜后，统治了朝鲜半岛的西北部地区。汉武帝时，在内忧外患的打击下，卫氏政权瓦解，西汉在其统治区内设立了真番、临屯、乐浪、玄菟四郡，汉朝文化大量输入朝鲜，此后四郡虽被撤除，但两国之间的文化交流并没有减弱。

历史文化百科

〔用于军事和贵族享乐的帛兰船〕

汉代的造船技术已经相当高超，可以制造“高十余丈”的楼船，主要用于军事方面。同时一些贵族富豪为了享乐，将楼船用帛装饰得精美华丽，专供游乐，并在船上宴请宾客。这种楼船就是所谓的帛兰船。

东汉纺织画像石拓片：家庭纺织图

《汉代官印私见》，指出"汉倭奴国王"印的可靠性。事有凑巧，1980年在江苏省邗江县甘泉乡甘泉二号汉墓附近出土了"广陵王玺"一枚，黄金质，龟钮，2.3厘米见方，通高2.1厘米。"广陵王玺"与"汉倭奴

> 历史文化百科 <

〔汉代的鞋子〕

汉代鞋子的特点是鞋的底部加有一层厚木板。主要是为了防止泥水弄脏鞋面，也可以弥补身材矮小的缺陷，男女都可以穿。另外它还属于祭服，是皇帝和大臣在祭祀时穿着的配套服饰。

此画像石出土于江苏徐州，它反映了东汉齐鲁一带豪强地主家庭纺织的情景。汉代丝织物以齐鲁最有名，画像石展示了纺织丝的三道工序：第一道，右边女子用络车进行"调丝"；第二道，中间女子用纬车进行摇纬，第三道，用织机制成绢帛。

国王"印的形制略同，而印文书写和刻制的风格如出一人之手，于是成了"汉倭奴国王"印确为汉光武帝所颁的出土文物的有力佐证。两印遂有"姐妹金印"之称。

"汉倭奴国王"印的出土，证明了倭奴国曾为汉代的属国。 〉王仁魏

中国大事记

汉明帝尚儒学,为外戚樊、郭、阴、马四姓小侯立学于南宫,置《五经》师。

○二一

中兴功臣第一人

邓禹是一个前瞻的战略家,不是一个坚毅阴鸷的攻掠者。他的功绩就在策杖追随和城楼指掌之间,效用仅鼓荡于刘秀一人之心。

邓禹是汉光武帝刘秀心目中的第一功臣。当刘秀在鄗城称帝时,下诏书给正在河东前线的邓禹,任命他为大司徒,并封为食邑万户的酇侯。这完全是当年汉高祖皇帝给予功臣之首萧何的待遇。

怀着名垂史册的雄心

邓禹是南阳新野人,少年时就到长安游学,遇到刘秀,相处了几年。更始称帝时,邓禹不接受做官的机会,反而拄着手杖,追赶以司隶校尉身份远去开拓河北的刘秀。当邓禹在邺城赶上刘秀时,刘秀对这个当年的小同学说:"我现在有权任命官职,你老远赶来,是不是要弄一个官当当?"邓禹却郑重其事地说:"我希望明公你能得到天下,而我则从中得以立下尺寸之功,使自己也能名垂史册。"这是刘秀起兵以来,第一次听到一个

东汉开国名将邓禹

邓禹是东汉开国勋臣,首任宰相。聪敏好学,与刘秀为学友。长于推荐贤能,所举之人皆才干出众,才尽其职。深得刘秀赏识,以功被封为高密侯。他淡泊名利,待人敦厚,孝敬父母,天下已定,常思远离名誉和权势。邓禹还教子有方,不置产业,子孙皆称名天下。为开国勋臣之首。

光武中兴

光武帝刘秀削平群雄,建立东汉王朝,统一中国。为稳定、巩固王朝统治,首先致力于整顿吏治,加强中央集权。对功臣厚予爵禄而禁止其干政,对诸侯王和外戚也予多方限制,行政体制,则仍置三公,事归台阁,减省地方官吏。其次,安定民生,恢复经济,主要措施有重行西汉初年三十税一旧制,遣散军队还乡务农,九次下诏释放奴婢,或提高女婢的法律地位,兴修水利等等。其三,比较适当地处理与周边少数民族的关系。他本人也勤政节俭,遗诏薄葬。因此,在他统治期间,经济有明显的恢复,政治也相对稳定,史称"光武中兴"。此图出自明刻本《历代古人像赞》。

克復舊物保全功臣
褒旋忠節崇重儒坤

漢光武

《后汉书·邓禹传》

壮志

邓禹　识才

人物　关键词　故事来源

士人对自己中兴大业以身相许的表露。这种君臣感情的直面交流，将是终生难忘的。邓禹接着向刘秀阐明当时各种军事集团的态势：更始政权虽然定都长安，可是山东地区广大地域上还是赤眉、青犊等农民义军的天下，而长安四周的三辅地区（指京兆、左冯翊、右扶风三郡）到处是拥兵自重的大小豪强。目前更始政权还未有什么闪失，可是更始诸将是些目光短浅、贪图财利的庸人，毫无大志，天下还要大乱，明公再去辅翼更始帝是毫无意义的。明公只有招揽英豪之士，取悦民心，当年高祖皇帝的宏大事业，一定会在明公手中再度实现！邓禹这番话，稳固了刘秀争衡天下的信心，也大致定下了刘秀日后兼并天下的基本方略，邓禹从此就留在刘秀身边，成为最可信任的参谋人物。

在同王郎作战时，刘秀让邓禹去建立一支由"奔命兵"组成的五千人部队，作为偏师来配合作战。当刘秀攻下广阿时，和邓禹夜宿城楼上。刘秀展视地图，眼见自己历尽千辛万苦，才取得一郡之地，觉得前途茫然。邓禹及时以"古之兴者，在德厚薄，不在大小"来劝解，刘秀这才重树信心。刘秀让邓禹配合大将盖延等人，反复与铜马军作战，终于平定黄河以北的一大片土地，为称帝打下基业。

肩负开拓西部重任

当赤眉军进攻长安时，刘秀感到赤眉最终一定会进入长安，而自己应该趁赤眉与更始相斗的机会，派军队插入关中，来收取渔翁之利。可是，刘秀正在山东地区作战，不能抽身领兵西去，觉得只有邓禹深沉大度，就把西取关中的任务交给他。邓禹以前率军持节的身份，率二万精兵，出箕关，进入河东郡，准备从北面直叩关中地区。

邓禹在刘秀军中，可以算得上是一个高明战略家，可他不是一个手握重兵，在复杂的军事环境中出奇斗胜，贪残狠决，随时敢于奋然一搏的攻掠者。邓禹还未离开河南，在箕关就被更始军的河东都尉抗击了十日；在河东首府安邑前又受阻，数月间不能前进一步。邓禹虽然在解县狙击了更始大将樊参的数万人马，并斩杀了樊参，可是当王匡、成丹集合河东、弘农两郡有生力量来对阵时，邓禹又告失利，骁骑将军樊崇阵亡，汉军诸将想连夜撤军。邓禹因更始军的作战习惯，得到休

细致的绿釉陶望楼
陕西潼关的墓葬出土，为四层阁楼式建筑。整栋建筑坐落在一个合墙院落中，每层可以独立分合。二层以上四角带有飞檐，正面檐下雕有螭形斗拱，屋顶筑有瓦垄和瓦当。三四层带有底座和镂空窗格。值得注意的是，三四层侧面的窗口内各有一小人在张望，十分细致。现藏陕西省博物馆。

整，才以逸待劳，把更始军赶出河东郡境。此时，刘秀正在鄗城称帝，下诏书慰劳邓禹，授大司徒之职，并封酂侯。

虽然逡巡失机依然勋策第一

邓禹率军渡过汾阴河，进入关中边境。此时，正值赤眉入长安，三辅地区接连遭受兵灾，在更始、赤眉和地方豪族三大势力之间，京畿士民不知所从，突然看到新来的汉军倒也很有纪律，于是都望风前来归顺，邓司徒的威名一时震动了关西地区。光武帝也高兴地连连下诏嘉奖。可是，当汉军将领和地方豪杰前来劝说邓禹早日进攻长安时，邓禹却说："不行！现在看起来我军人数很多，但真正能作战的人却很少；前面长安城中已没有多少粮草物资，后面又没有支援可待。赤眉军刚刚得势，一时无法与之争锋，但他们是不会长久的。我就依靠上郡、北地、安定三郡地广人稀，有谷有畜，在此休整，以观其变。"这种似是而非的遁词，使人们很为失望。光武帝见邓禹按兵不动，下诏书催他进军，但他还是固执己见。邓禹外出征集军粮，留下积弩将军冯愔和车骑将军宗歆守枸邑，冯愔为争权，杀死宗歆，并起兵反击邓禹，邓禹只得上报朝廷，朝廷派尚书宗广前来处理此事。月余后冯愔的护军黄防

富有艺术美感的铜灯架（左页图）

古人的照明条件不如我们，但他们很会运用有限的光源，一座铜连枝灯上，有三个铜盘，各点上一支蜡烛，光会从不同的方位映出，既美观，又实用，上下各有一条蟠龙，中间还有几只栖息的小鸟，即使在白天，好好地观赏一回灯架，也是难得的享受。

▶ 历史文化百科 ◀

〔东汉墓葬的形制结构〕

　东汉墓葬的形制有长方形、"回"字形、"T"字形和"品"字形。

大绵羊与小山羊

两只卧羊细泥手塑，属灰陶。大绵羊仰首挺胸，呈静卧状，双角向后盘绕成环形。整体浑圆肥壮，显示出绵羊雄健的体态特征，小山羊造型较为具象，细部刻画具体深入，头部稍向后倾斜，双角坚挺向后，双目突起，眼球显示明确，鼻的双孔用锥刺出，匍匐卧地，颈部和躯体自然扭曲，后腿盘卧结构准确，更具动感。

逮捕了冯愔，到宗广处领罪。建武二年（26），赤眉军在长安无法持久，一度西进到右扶风，邓禹这才趁势进入长安城，屯兵在昆明池，并把情况上报朝廷。不久，赤眉重返长安，把邓禹赶到高陵，邓禹军中乏食，士兵都以枣子和野菜充饥。

光武帝下决心要邓禹撤军，改派冯异去经营关中。邓禹见自己大失脸面，就屡屡用饥饿的部下去攻打赤眉，都以失败告终。邓禹率部出潼关东返，在华阴遇上冯异大军。邓禹又与车骑将军邓弘强邀冯异留下，与同时东返的赤眉军交战，被赤眉以假粮车诱骗，一败涂地。邓禹仅带得二十四骑逃回宜阳（今河南宜阳西），只得把大司徒和梁侯的印绶缴还朝廷。过了几个月，光武帝还是授予邓禹右将军之职，并保有梁侯爵位。

建武十三年（37），全国基本平定，诸多功臣都增加了食邑的数量。朝廷议定封邓禹为高密侯，食邑四个县。光武帝认为邓禹功劳高隆，加封他的弟弟邓宽为明亲侯，又恢复了邓禹大司徒的职位，还让他陪同去东方封禅泰山。邓禹于汉明帝永平元年（59）病死，享年五十七岁。

○三二

云台二十八将

永平三年（60），明帝刘庄（光武帝子）为了表彰辅佐光武帝中兴的二十八名功臣，在南宫云台画邓禹、马成、吴汉、王梁、贾复、陈俊、耿弇、杜茂、寇恂、傅俊、岑彭、坚镡、冯异、王霸、朱祐、任光、祭遵、李忠、景丹、万脩、盖延、邳肜、铫期、刘植、耿纯、臧宫、马武、刘隆的图像以示纪念，是为著名的云台二十八将。随即又增加了王常、李通、窦融、卓茂四人，合计三十二功臣。

这里所谓的云台二十八将，或是出身当年绿林义军，或是来自王莽时各阶层人士，都曾追随光武帝刘

云台二十八将，无论来自何方，都是曾为光武中兴尽心智、竭膂力的功臣。是光武的旨意也好，是明帝的用心也好，表彰功臣，为的是刘氏的江山社稷。

秀出生入死，在河北地区开创基业的心腹之士，有的则是攻克洛阳、平定关中、消灭陇右蜀中两大政治对手等战役中，建立过显赫战功的股肱部下。毫无疑问，这二十八将是早已有定评的，而后增加的四人，则可能是在明帝的认可下补入的。他们的行迹功绩也确实与二十八将有所差别。

坚定的王常

王常是绿林时期的元老，起义反莽还早在赤眉、铜马之前。当绿林军遭遇瘟疫时，他率部南

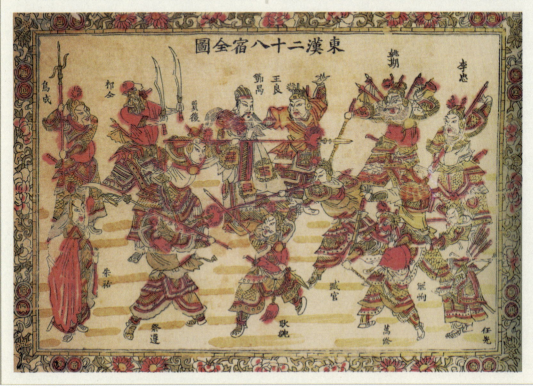

下到荆州南郡，所以称"下江兵"，与王凤、王匡的"新市兵"，以及陈牧为首的"平林兵"互为呼应。春陵刘氏子弟起事后，与新市、平林两军都有联系。刘縯、刘秀一支屡被王莽大军所败，新市、平林军见莽军势大，打算流散别处，使刘氏兄弟陷入危险之中。幸得五千下江兵前来立营，刘氏兄弟前去联络。王常以下江兵主要将领接待，接受刘縯的"王莽残虐，百姓思汉，刘氏复兴"的说法，使刘縯、刘秀重振军威，并在拥立刘氏新君的争执中，支持立刘縯为帝。更始帝被拥立之后，以王常为廷尉大将军。当更始帝伙同新市、平林诸将火并刘縯时，王常没有参与其事。更始帝失败，刘秀攻入洛阳，王常从镇地荆州前来肉袒请罪。光武帝高兴地

说："吾见廷尉，不忧南方（指荆州地区）矣！"王常从此率军东征西讨，最后主持与投靠匈奴的割据者卢芳对峙，在建武十二年（36）死在军中。光武帝对他的评价是"辅翼汉室，心如金石"。

可靠的李通

李通出身于南阳宛城的一个世代商人家庭，曾在王莽时做过小吏。他的父亲李守在王莽国师刘歆门下办事，也是一个谶书解说者，曾对李通解释过

东汉二十八宿

这两幅清末《东汉二十八宿全图》年画画的是帮助光武帝刘秀打下江山的二十八位勋将，其中除了刘秀外，还包括王霸、祭遵、耿纯、寇恂、李忠、姚期、邓禹、傅俊、杜茂等。二十八人正好对应天上的二十八星宿，故称《东汉二十八宿全图》。

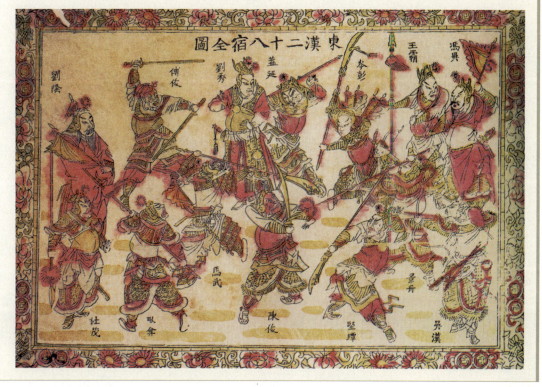

谶语"刘氏复兴，李氏为辅"的含义。当下江、新市兵进入南阳地区时，李通和堂弟李轶、李松投靠刘氏宗室在舂陵起兵。王莽把在长安的李守全家和李通在南阳的宗族六十四人全部杀害。火并刘縯时，李轶站在更始一边，更始称帝，以李通为大将军，并先后封为辅汉侯和西平王，李轶为舞阳王，李松为丞相。更始帝派李通去镇守荆州，李通就娶刘秀的妹子伯姬为妻，称为宁平公主。刘秀称帝，征召李通担任卫尉，又封固始侯；后来又先后为大司农、大司空，建武十八年病死。

窦融

出身自西汉时期第一国戚之家的窦融，其圆融通达的经历在本书《窦融归汉》一文中详有陈说。他被补入功臣之列，应该是在意料之中的。

卓茂

卓茂这个大半生在西汉王朝度过，在王莽时期和更始时期都在长安任职，而在刘秀称帝的第四年就死去的人物，成为中兴功臣，恐怕不是光武帝的本意。卓茂也是南阳宛城人，父祖都是郡守大官。他在西汉元帝时游学长安，时有通儒之称。他为人宽仁恭爱，不自视清高，所以乡党故人，虽然秉性才能与他并不相同，却都与他合得来。卓茂在丞相门下为吏，有一次驾车出门，有人指认他的马是自己丢失的。卓茂问

邳彤

名将药王

保定安国市古名祁州，在八百多年前的北宋时期，就成了中国著名的中药材集散地。清道光年间达到鼎盛，被称为"药都"，享有"祁州药材名天下"之誉。祁州药材起源于药王邳彤，邳彤本是东汉开国功臣，汉光武帝刘秀属下的云台二十八将之一，曾任曲阳郡太守。此人能文善武，精通医理，誉满四海，是当时济人济物的清官，被称为"药王"，死后葬于安国南关。当地群众为纪念他，于宋徽宗崇宁二年(1103)建起药王庙，并集会瞻仰纪念。庙会由香火会逐步演变为以药业为中心的物资交流会。从清朝顺治初年起祁州庙会定期每年一次，到清乾隆年间改为每年春秋各一次，形成中国历史上最大的药材集散地。此图出自清刻本《新刻批评东汉演义》。

这个人马丢失多久，其人说已丢失月余。而事实上卓茂的马买来已有多年，明知此人弄错，卓茂还是把马交给这个人，自己拉车回去。事后此人丢失的马找到了，就把卓茂的马送还，并叩头谢罪。卓茂曾任密县令，他不精吏事，有些县务荒废了，邻县的人都在暗中讥笑他，郡守特地派来一个助理县令。卓茂也不生气，照自己的方式办公事。几年下来，密县的教化却变好了。王莽时征召他为大司农属丞，更始帝则任他为侍中祭酒。光武帝在鄗城称帝，卓茂已经七十多岁，还应征到河阳（今河南孟县西北）去谒见光武帝。光武帝给他太傅的称号，封褒德侯，食邑二千户，赐节杖车马。当时光武帝给他下的诏书说："武王诛纣，封比干之墓，表商容之间。"比干是殷王子，商容是殷贤臣，都与功臣不相干。明帝把这样一个人物补入功臣图中，自然是为新王朝树立好臣民榜样的政治行为。

富有神话寓意的羽人座铜灯

羽人为神话中的飞仙，呈有两翼的人形。在用于器物装饰中，羽人多为踞坐姿。两汉时期，特别是东汉，由于谶纬之学盛行，求飞成仙是人们追求的最高思想境界，因此，羽人形象已逐渐成为随葬冥器和一些日用品上常见的装饰之一。

屠城悍将

王朝更迭时，在所谓的拨乱英主身边那些嗜血的征服者，尽管常常被戴上适应潮流的面纱，善良的人们还是会把他们一一识别出来。

自秦汉以来，每当社会极度动荡，将要发生王朝更迭的非常时期，在一些具有优势的皇位追逐者身边，往往会出现一批自觉的攀龙附凤的风云人物。当新的政治格局豁然开朗时，这些攀龙附凤者，一个个转化为既高官厚禄又名垂竹帛的功臣。可是，也有一些人过于热衷，在建功立业中走到了极端，也就变成失去人性的血腥的战争机器，所谓的"一将功成万骨枯"。

贪功好杀的吴汉

吴汉是南阳宛城人，在本县当亭长。王莽末年，吴汉因手下人犯法，逃亡到北方的渔阳郡去，当一个马贩子，长期来往于燕蓟之间，结交的都是这一带的豪强人物。吴汉表面上像是一个"质厚少文"，甚至常常会辞不达意的忠厚汉子，实际上他久在江湖，养成了一种勇猛剽悍而又善用心机的性格。更始称帝后，吴汉被指派为渔阳属下的安乐县令。他从一个王莽时期的流亡者，转变为更始政权的下层官员。王郎势力在河北一带陡然崛起，连幽、燕边地也颇受震动，那些王莽时留下的大小官吏，又面临第二次政治归属的抉择。而对有吴汉这样经历的

勇猛多谋的吴汉

吴汉，字子颜，南阳宛县人，东汉开国名将。曾为亭长，新莽末年，因宾客犯法，逃往渔阳，以贩马为业。继为刘玄朝安乐县县令。刘玄更始二年(24)跟随刘秀。在其20年戎马生涯中，曾参与镇压铜马、重连等农民起义军、铲除王郎、刘永、董宪、隗嚣、卢芳等势力，历任偏将军、大将军、大司马，封广平侯。吴汉用兵，勇猛多谋，败不气馁，力挽危局。建武三年(27)围刘永部将苏茂于广乐，一度失利，堕马伤膝，仍裹伤奋战，激励将士，遂获大胜。十二年，在刘秀攻蜀之战中，吴汉率部直驱成都郊外，被公孙述军10万余人包围，于危急之际，沉着调整部署，终获胜利，为完成东汉王朝的统一立下了卓越殊功。建武二十年，病卒。此图出自清末民初马骀的《马骀画宝》。

下层官员，面对政治动荡，更多的是兴奋和期盼，正在此时，更始政权派出的第二拨使者，有着司隶校尉身份的刘秀，引起吴汉的注意，他有意凭借这个大人物，建立自己的功业。他向渔阳太守彭宠进言，投靠刘秀，以击败王郎来建"一时之功"。彭宠也是一个热中的人，也想抓住这个建立功业的机会。此时，上谷太守耿况的儿子耿弇，正奉刘秀之命，来争取幽燕骑兵，双方一拍即合。彭宠拨出三千突骑，交给吴汉、盖延、王梁率领，随耿弇南下，到处攻击王郎的属地。彭宠因此被刘秀以更始朝廷的名义，封为建忠侯，并加上大将军称号。而吴汉则带着幽州突骑，直接归

《后汉书·吴汉传》
《后汉书·耿弇传》

一将功成万骨枯
屠城灭族

吴汉 耿弇

人物　关键词　故事来源

刘秀指挥，很快就成为和耿弇、朱浮等人并列的大将军。在消灭铜马、青犊、尤来等农民军，火并更始派来的谢躬诸役中，吴汉都冲杀在前，不遗余力。刘秀称帝，拜吴汉为大司马，封舞阳侯。

吴汉的贪功好杀，在击败陇右隗嚣势力时已经充分显现出来。建武十一年（35）春，吴汉和征南大将军岑彭等受命入蜀。当吴汉率军突入成都城内时，公孙述和延岑在城外组织勇士反击。延岑在府河市桥边，遍竖旗帜，鸣鼓排战，另外派奇兵从城后袭击，大破吴汉所部，把吴汉逼入河水，差一点丧命，幸亏抓住马尾，才脱身上岸。后来公孙述战死，延岑献城投降。恼羞成怒的吴汉入城三天后，大开杀戒，杀尽公孙述妻儿及家族，族灭延岑，还纵兵烧杀，焚毁宫室。光武帝闻讯非常震怒，下诏谴责吴汉。光武帝如何谴责吴汉这个悍将，后人无法得知；可是对其副手刘尚的责备，却在史籍中保存下来："城降三日，吏人从服，孩儿老母，口以万数，一旦放兵纵火，闻之可为酸鼻！"

屠伯耿弇

耿弇的祖先在汉武帝时做到二千石的地方大吏，按规定把家搬迁到扶风茂陵。更始称帝时，耿弇的父亲耿况正在上谷太守任上，因为自己的官是王莽任命的，就派儿子带着贡品去朝见更始帝，以表示自己改换门庭的愿望。耿弇上路，投奔正在卢奴（今河北定

有精美的石刻图像的麻浩崖墓

在四川的乐山市郊麻浩湾有著名的麻浩崖墓，有墓门、享堂、墓道和棺室等，墓道门柱上刻有"阳嘉三年"。此墓是东汉中叶的建筑，墓里有精美的石刻图像，其水平不可小觑。

州）宣抚的刘秀，被留在刘秀身边办事。当时王郎势力强大，刘秀被压制得在河北无以立足，耿弇提出到上谷、渔阳去征发精兵，来与据守邯郸的王郎势力对抗。耿弇回到昌平，说动耿况去和彭宠合约，各出突骑二千，步兵一千，南下支援刘秀。耿弇就凭手中的上谷突骑和渔阳方面的吴汉、盖延合力南下，沿途与王郎属下的县邑交战，一路上杀死王郎的将校卿官四百余人，斩杀士卒三万，攻克了二十二个县，直到广阿（今河北隆尧东）与刘秀会合。刘秀立即把上谷、渔阳来的将领，全部委任为偏将军。光武称帝时，封耿弇为建威大将军。此后耿弇主要在山东地区和各地农民义军和割据者作战。

耿弇在建武十三年（37）就告休在家，到汉明帝永平元年（58）去世。史书上记载："弇所平郡四十六，屠城三百，未尝挫折。"可见这个一生不曾打过败仗的攀龙附凤者，在十四年的戎马生涯中，平均每年要屠城二十余座，在其屠刀之下，何啻是万骨枯呢！

大凡社会发生剧变的时候，往往会出现一批审时度势、投合机缘的英豪人物。然而，这些际会风云的人物，只有在搏击风云时，能够对其所追求的事业，显示出超常的执著和追求，才会真正地成为成

疾风知劲草

在困境中的逐鹿者，自然最希望他的追随者韧如劲草。其实，对追随者而言，当逐鹿者在顺境中时，自己更需要表现得坚如磐石，韧如劲草。

疾风知劲草

西汉末，刘秀起兵，颍川人王霸率兵响应。王霸曾随刘秀参加过昆阳之战，后来又回到乡里休养。刘秀为司隶校尉路过颍川，王霸想追随刘秀，便请示他的父亲。他的父亲说："我已年老，不能胜任军旅之事，你去吧！"于是王霸跟随刘秀到了洛阳。后来刘秀为大司马，王霸任功曹令史，随从刘秀开拓河北。当初，随从王霸的有好几十个人，到河北时全都散去，刘秀对王霸说："当初从颍川来的人全都走了，只有你一个人留下，真是疾风知劲草啊！"此图出自清末民初马骀的《马骀画宝》。

功者。汉光武帝刘秀创业时的追随者，先后受封为王乡侯、富波侯、向侯、淮陵侯，并独当漠北匈奴二十余年的上谷太守王霸就是这样的人。

死心塌地的追随者

早在刘秀头戴大冠，身穿红袍，刚刚起兵反莽时，王霸就主动到军前投效，在参加昆阳保卫战后，就返回乡里。到刘秀被更始帝派去整顿洛阳城时，王霸又在取得父亲同意后，再次投奔刘秀。当刘秀以大司马虚衔空身闯荡河北地区时，王霸作为功曹令史，随从到前途不测的赵、魏之地。那时，刘秀从颍川一带募来的部属，全都陆续离开，刘秀感慨地对王霸说："颍川一带跟随我的人都离去了，唯独你留下。你要努力呵！疾风知劲草。"

王霸的行为也确实表现得像疾风下的一棵劲草那样。

刘秀到蓟县招抚当地的郡县守吏，可是受到僭主王郎的压制打击。刘秀针锋相对地命王霸到蓟县市集上去招兵，受到市井小民的讥笑，王霸蒙羞而回。此时王郎追兵赶来，刘秀及其随从僚属被阻在湍急的滹沱河前，从吏来报，河水尚未结冰，又没有船只，无法过河，从人都惊慌不已。刘秀再派王霸去查看。王霸见河水依然只有小浮冰在漂流，料想如实回报，从

馬武

将军与车前草

东汉名将马武，带兵出征，进入崎岖的山路中。这时正值酷暑，烈日炎炎似火，行军多日，很少喝到水，士兵与马匹小便中都带血，疼痛难忍。一天，马武的马夫，偶然发现一匹战马小便中没有了血，十分奇怪，经细心观察后发现，这匹马连日来常爱啃食路边的一种宽叶小青草。于是，他采了这些小青草放在锅里煮汤喝，两天一过，自己的小便也没有血了。马夫惊喜万分，连忙报告将军，马武问是哪种草，马夫指着马武战车前的宽叶小草说："就是这种草。"马武高兴地说："好一个车前草，我们的生命有救了。"从此，车前草的名字和它的药用价值就传开了。此图出自清刻本《新刻批评东汉演义》。

人更要受惊，索性撒谎说："河水已经结冰。"待刘秀一行走到河水边，河水冰块竟然冻合了，车马正巧可以度过。刘秀一行人马刚过，河水又把冰块冲散。刘

秀心中明白，对王霸说："能够安定人心，得以平安过河，全都是你的功劳！"苦斗一年，刘秀兵力转强，终于击败王郎。王霸亲自追杀了从邯郸城中逃脱的僭主王郎，总算为自己出了蓟城受辱的一口恶气，为此得封为王乡侯。

"见死不救"的追随者

有一次，刘秀亲自出征周建，驻兵在谯县，派王霸和马武到垂惠去攻击周建。周建的同盟者苏茂带了四千精兵来支援，先用骑兵劫取马武的军粮。马武出营去抵御，周建就从垂惠城中出来夹击马武。马武依恃王霸就在附近，可以来救助，所以作战不尽力，结果被周、苏合力击败。马武的部队在败退时，经过王霸的营垒，大声呼救。王霸说：

著名传世珍品无射律管

律管是古代音律制度的标准器，此东汉早期器物为著名传世珍品，以青铜铸制。依据古法，凡建国者，皆要正律，为的是定律度量衡。这根律管作为古代文献中所记铜律的现存唯一物证，弥足珍贵。对于古代乐律学、计量学的研究，都有重要价值。

> **历史文化百科**

〔汉代田猎〕

汉代上自皇帝下及达官贵人多喜爱田猎，田猎之风盛行。有的是借助马匹进行射猎，有的是借助猎犬捕获猎物，有的是借助弓矢获取猎物。射猎时在箭上系上丝绳使飞禽中箭后不能逃走，这种方法叫弋射。

皇逃脱。王霸这才和马武一起回到各自的营盘。周、苏又集合兵力前来挑战，王霸咬紧牙关，就是不出营。苏茂令射手猛射王霸中军，箭矢射中王霸座前的酒樽，王霸还是安然不动。当夜，周、苏只得撤退。此时，周建的侄儿周诵反叛，据城不纳，周、苏只得连夜投奔别处而去。而周诵则到王霸军前，献城投降。

王霸的文才武略都不是一流的。就凭他那坚如铁石的意念，再加上对军事的深刻理解和对军士的爱护，放到哪个战场，他都能应付，并取得成功。后来，他守边二十余年，与匈奴、乌桓作战近百次，都无失误，保得"北边无事"。王霸不愧为抗抵得住"疾风"的"劲草"。

"敌军气盛，我们如出营，就一起被打败。你们只有自己坚持下去！"王霸手下军吏，都来为败军争求救援，王霸解释说："苏茂的兵精锐而众多，我军已经心怀恐惧，而马武与我们都相互依赖，两军都不尽力，一定会吃败仗。现在只有死死坚持，一旦敌军有所松懈，我们才可乘机出击。"周、苏果然全力攻击马武的部队，激战良久。王霸军中路润等数十个勇士，都割断了头发，表示必死的决心，前来请战。王霸知道己方士气已经上升，就下令打开营后的栅砦，用骑兵去猛攻敌军的背后。周、苏腹背受敌，阵脚大乱，仓

最早的城市图——宁城图（上图）

内蒙古和林格尔县东汉墓出土的城市图壁画。"宁市中"是用墙围筑的四方形，是宁城与外地贸易的"胡市"，也是宁城中的商业区，集市与民居隔离的建筑布局，是最早反映中国古代城市结构特点的珍贵资料。宁城图的发现，为我们了解东汉时期的民族关系和边疆城镇的发展情况，提供了非常形象的资料。

世界大事记　相传婆罗门教徒混慎始创扶南王国。

○三五

李铢期忠　仁爱　耿纯朱期忠　宽容　祐

后汉书 后汉书 后汉书
朱耿李铢祐纯忠期传传传传

人物　关键词　故事来源

功臣中的淳厚长者

可以自马上得天下，不可以马上治天下，这是封建专制社会的真理。那么，在中兴英主刘秀营垒中有几个循吏色彩的功臣就是不足为奇的了。

在争取天下的过程中，如果皇位追逐者的手下，都是吴汉、耿弇那样的嗜血悍将，恐怕"人心思汉"的民意，转化不成皇皇的刘秀伟业。而事实上，当年刘秀旗下功臣中，恰恰有着不少所谓"必世而后仁"的谆谆长者和善于安抚民心的良吏。

解放奴婢

奴婢问题是西汉中后期留下来的重要社会问题之一，汉哀帝和王莽时期都没能解决。公元26年，即刘秀称帝的第二年，就下令解放奴婢。从公元26年到公元38年，前后九次下诏解放奴婢或禁止残害奴婢，规定民有被卖为奴婢而愿意归随父母的，听其自便，奴婢主人如果拘留不放，就依法治罪；对于没有释放的官私奴婢也在法律上给以一定的人身保障，规定杀奴婢的不得减罪，炙伤奴婢的要依法治罪，又废除了奴婢射伤人处死刑的法律。解放奴婢的地域范围，适用于全国，有抗命不解放奴婢者，以"略人法从事"。刘秀的解放奴婢、禁止残害奴婢的政策的实行，使大量奴婢免为庶人，对稳定社会秩序，恢复发展社会经济，都起了巨大的作用。图为汉画像石捧奁、捧灯奴婢。

淳厚长者铢期

铢期身高八尺有余，容貌特别，严肃有威仪，是一个遵礼法重孝义的人。刘秀出巡颍川郏邑时见到铢期，任他为贼曹掾，一起北上蓟县。王郎从冀州一带向幽州扩张，刘秀一行在蓟州无法容身，只得驾车南撤。城中百姓都来围观，把道路也阻塞了。铢期持戟策马，张目对左右大呼："清道！"围观百姓都纷纷避让。来到城下，城门已闭，铢期挥戟强攻，刘秀一行才得脱身。刘秀见铢期很有领兵的能力，就让他独当一面，攻略城邑。王郎被消灭后，铢期受封为虎牙大将军。刘秀称帝，封铢期为安成侯，魏郡太守。魏郡首

战功赫赫的耿纯

耿纯(？－37)字伯山，巨鹿宋子（今河北赵县北）人，东汉开国勋将。刘秀起兵至邯郸时，耿纯与堂兄弟耿欣、耿宿等率领宗族宾客二千余人投奔刘秀，并为刘秀复汉立下赫赫战功。建武六年(30)，耿纯被封为东光侯，便主动要求到封国去。其至封国后，对老百姓访贫问寒，深得百姓拥戴。此图出自清末《历代名臣像解》。

府郧城防御盗贼的官员李熊是本地豪强，他的弟弟李陆密谋开城迎接城外的青犊农民军。有人把消息告诉铫期，没有反应，当消息三番五次报来时，铫期才把

郅恽敢于执法

有一次，汉光武帝带了一批人，到洛阳郊外去打了一天猎，回城的时候，已经是晚上。皇帝的车驾到了上东门，城门早已关了。随从打猎的侍从叫管城门的开门，郅恽拒绝了。汉光武帝亲自来到城下，吩咐管洛阳城门的小官郅恽开门。不料郅恽说："夜里看不清楚，不能随便开门。"汉光武帝碰了个钉子，只好绕道到东中门进城。第二天，汉光武帝正想找到郅恽责问，不想郅恽的奏章已经送上来了。奏章上说："陛下跑到遥远的山林里去打猎，白天还不够，直到深夜才回来。这样下去，国家大事怎么办？"汉光武帝看了奏章，就赏给郅恽一百匹布，还把那个管东中门的官员降了职。此图出自《帝鉴图说》。

李熊找来询问情况，李熊承认确有其事，并表示与母亲一起领受死罪。铫期说："如果当官吏不如当盗贼快乐，可以回家带着老母去投靠李陆。"立即派官员护送李熊出城。李熊找到李陆，带着李陆回郧城西门投案，李陆又是感动，又是惭愧，就在城下自杀而死。铫期非常感慨，依礼为李陆行葬礼，让李熊恢复原职。全郡吏民都钦佩铫期的威严和诚信。而铫期成为领军大将之后，注重信义，对攻下的城邑，从不虏掠；在朝廷则忧国忧君，连光武帝喜欢带豪门少年骑士外出驰猎游玩，也要犯颜诤谏，死后谥为"忠侯"。

儒将朱祐

朱祐是南阳宛城人，春陵刘氏是他的外公家，所以刘縯、刘秀与他很亲近。刘縯在世时，任用朱祐为护军，刘秀北巡时，也用他为护军。汉军在黎丘（今湖北宜城西北）围击秦丰时，光武帝亲自来到前线，派御史中丞李由带着加盖皇帝玺印的诏书去招降。秦丰不但不归顺，而且出言不逊，光武帝就返回洛阳，留朱祐主持围攻事务。第二年夏天，秦丰无力对峙下去，就带着老母妻儿九人，祖露身体到军前投降。朱祐把秦丰用槛车送到洛阳。秦丰终于处斩，可是吴汉还要弹劾朱祐不按诏书办事，擅自接受秦丰的投降，有违将帅之道。可是，光武帝并不加罪朱祐。朱祐为人质朴直率，好儒学，领兵出征，经常接受归降，只

▷历史文化百科◁

〔汉代的舞乐百戏〕

汉代时政治经济的发展为文化艺术的繁荣创造了条件。舞乐百戏是汉代舞蹈、音乐和各种杂技艺术的总称。舞蹈有建鼓舞、踏拊舞、长袖舞、七盘舞等；乐器既有打击乐器又有管弦乐器；杂技有飞剑跳丸、冲狭、弄壶、倒立等。舞乐百戏融合舞蹈、音乐、杂技、幻术，体现了"艺中有技，技中有艺"的特色。

富有节奏感的绿釉九枝陶灯（局部图）

以攻克城邑为目的，不追求斩下多少敌人的首级，又制约士卒，不准房掠百姓，甚至引起军士的不满。这样的开国功臣，恐怕是很少见的。

亲民循吏李忠

李忠祖籍是东莱黄县，父亲在高密任中尉，因此也当上府署的郎官。李忠在王莽时被任命为信郡郡的都尉，更始时期又任都尉官，跟随刘秀出巡河北地区。王郎派将领攻打信都，信都大族马宠等人开城投降，逮捕了信都太守宗广和李忠的老母妻儿，并派人去招降李忠。当时，马宠的弟弟在李忠手下当校尉，李忠把他诛杀了。诸将大惊，认为自己的妻母落在敌人手中，而贸然把敌人的弟弟杀了，有些做过了头。李忠却说："我如放纵敌人，就变成不忠了。"光武帝对李忠的行为很是赞赏，立即派任光率军去攻打信都，可是半途上士兵都逃亡了，幸得更始的部队攻进了信都，李忠的家属得以保全。建武六年（30），李忠调任丹阳太守（治所在今安徽宣州），深感丹阳境内不崇尚读书，嫁娶的仪礼也不及中原，就开办学校，教导百姓礼仪，春秋两季乡中行饮礼，又任用懂得儒家经典的人为官吏。三年后，境内垦地增多，招揽了外来流民五万余人，成为全国政绩最佳的郡。这样的开国功臣，更像是太平盛世的亲民循吏，也是不可多见的。

遗爱生民耿纯

耿纯是巨鹿宋子（今河北赵县东北）人。他的父亲是王莽时的定陶国相，更始称帝后向李轶投降，改为济南太守。李轶对耿纯很是赏识，又因为他是巨鹿大族，就让他去开拓赵魏地区。耿纯在邯郸遇见刘秀，觉得刘秀的属官与众不同，就献上马匹和绣帛以示交好。当刘秀被王郎势力逼得从蓟县南撤时，耿纯和族弟䜣、宿、植等带着宗族二千余口，投顺为将领。由于王郎势力太大，耿纯担心宗族要变心，就把老家的庐舍放火烧毁，以示不归之心。刘秀部众在射犬聚与赤眉、青犊等十余万农民军遭遇，耿纯部众的营地在前沿，离开大营有数里之遥。农民军来攻，箭如雨下，耿纯部众死伤不少，但还死守不动。耿纯挑选二千勇士，手执强弓，每人只带三支利箭，悄然来到敌后，突然发起猛攻，打退农民军。第二天，刘秀就让耿伋充任蒲吾（今河北灵寿）县长，让耿氏宗族全部安居在那里。耿纯对刘秀说自己是吏家子弟，希望仍去当一个郡吏。光武帝任耿纯为东郡太守。东郡境内还未真正平定，耿纯到职数月，就肃清全部盗贼。耿纯在东郡为官的第四年，有个发干县长犯了罪，耿纯查询后上报朝廷，并用士兵围住这个县长，上奏文书尚未批复下来，那个县长先自杀了。耿纯因此获罪免官。耿纯戴罪从征董宪时，经过东郡郡治，几千个百姓跟着耿纯的车辆哭泣，说"愿复得耿君"。光武帝对群臣说："耿纯青年时就披甲为将，现在治理一个郡，竟得到百姓如此怀念！"这个耿将军，可真像一个披甲的循吏。

皇逃脱。王霸这才和马武一起回到各自的营盘。周、苏又集合兵力前来挑战，王霸咬紧牙关，就是不出营。苏茂令射手猛射王霸中军，箭矢射中王霸座前的酒樽，王霸还是安然不动。当夜，周、苏只得撤退。此时，周建的侄儿周诵反叛，据城不纳，周、苏只得连夜投奔别处而去。而周诵则到王霸军前，献城投降。

王霸的文才武略都不是一流的。就凭他那坚如铁石的意念，再加上对军事的深刻理解和对军士的爱护，放到哪个战场，他都能应付，并取得成功。后来，他守边二十余年，与匈奴、乌桓作战近百次，都无失误，保得"北边无事"。王霸不愧为抵抵得住"疾风"的"劲草"。

"敌军气盛，我们如出营，就一起被打败。你们只有自己坚持下去！"王霸手下军吏，都来为败军争求救援，王霸解释说："苏茂的兵精锐而众多，我军已经心怀恐惧，而马武与我们都相互依赖，两军都不尽力，一定会吃败仗。现在只有死死坚持，一旦敌军有所松懈，我们才可乘机出击。"周、苏果然全力攻击马武的部队，激战良久。王霸军中路润等数十个勇士，都割断了头发，表示必死的决心，前来请战。王霸知道己方士气已经上升，就下令打开营后的栅砦，用骑兵去猛攻敌军的背后。周、苏腹背受敌，阵脚大乱，仓

最早的城市图——宁城图（上图）
内蒙古和林格尔县东汉墓出土的城市图壁画。"宁市中"是用墙围筑的四方形，是宁城与外地贸易的"胡市"，也是宁城中的商业区，集市与民居隔离的建筑布局，是最早反映中国古代城市结构特点的珍贵资料。宁城图的发现，为我们了解东汉时期的民族关系和边疆城镇的发展情况，提供了非常形象的资料。

《后汉书·光武帝纪》
《后汉书·马武传》

诌媚　邪恶

马武

人物　关键词　故事来源

东汉画像砖酿酒（上图及下图）

四川彭州出土。描绘一座酿酒作坊的繁忙景象：右上角主人指挥工人制酒，灶前三个酒坛正在装酒，左上角一人推独轮车运酒出店，左下角一人担着一挑酒坛而去。布局疏落合度，均衡有致。 采用浅浮雕技法，加以必要的线描，朴素而有变化，是表现当时社会生活较好的作品。

临变善改节

攻克邯郸之日，刘秀置酒高会，想在宴筵间诛杀谢躬、马武两人。谢躬精细，未等刘秀发动，早就在筵席上闹得剑拔弩张。足智多谋的刘秀立即改变手法，酒后和马武乘酒兴一起登临右丛台，从从容容地对马武说："我得到从渔阳、上谷来的精锐'突骑'，想请将军来指挥，怎么样？"刘秀的试探固然不动声

色，但马武听来总觉得与宴会上的气氛相去太远，就回答说："我生性鲁钝胆怯，又没有作战方略。"马武的半句回答，有些故作谦虚，但绝无拒绝的意思。刘秀不容马武把话荡开，紧紧又贴上一句："将军带兵的日子可长了，治兵熟练，我手下那批掾吏们，哪能与将军相比！"话还未真正谈到深处，刘秀可已经摸到

> 历史文化百科 <

〔汉代投壶〕

汉代投壶之法较春秋战国时有了较大改进，壶内不装小豆，可使矢跃出，抓住重投，善投者可一连百余次。汉代宴饮常以投壶作为酒令。

马武的深浅；而马武则在刘秀的款款细语中，感觉到自己的前程，也许还很有希望。

很快，谢躬在刘秀的诈术下失去警惕，终于失去了头颅。而马武在事变中，想起刘秀在丛台上的示意，就义无反顾地把自己的部属拉了出来，避开吴汉突骑的阻击，直奔刘秀所在的射犬聚去投降。刘秀见马武长途来奔，明白他的心意，也就欣然接受他的投诚。

从此，马武就开始了作为光武帝刘秀开国功臣的生涯。

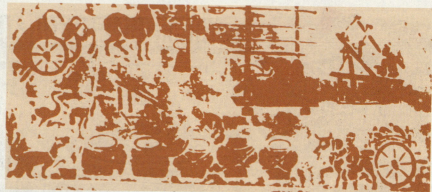
酿酒图

酒筵和疆场

一开始，刘秀为表示对马武的信任，把马武安置在自己的身边。马武很乖巧，每当刘秀置酒宴请诸将时，总抢在别人面前举樽祝酒，酒宴气氛为之大大高涨，使刘秀倍感欢欣。有一次，刘秀让马武率自己的部众到邺城去独立驻防。马武叩头拒绝，刘秀更加觉得满意，就让马武跟随自己出去征战，马武在每次出征中，也特别勇于作战，很得刘秀欢心。有一次，刘秀与农民军团作战，在慎水乡吃了败仗，撤退中马武

充当殿后，苦战中马武索性领手下回身攻入敌阵，纠缠作战，使敌军无法追赶刘秀。又有一次，马武随大将耿弇攻打陇中的隗嚣，汉军失利，遭陇兵追击。马武故伎重演，挑选一支精锐骑兵断后，自己则身披重甲，手持长戟，奔袭隗军，杀敌数千人，迫使隗军停止追击，诸将得以从容退回吴中。

卖乖也卖义

马武又自知光靠力战是不够的，于是又使出另一手。

有一次，马武已封为鄃侯，领兵到下曲阳去防御匈奴，由于擅自诛杀军吏，被光武帝一封诏书，从军中撤下，要他带着妻儿回鄃县去吃老米饭。狡黠的马武总觉得当前还不是自己告老还乡的时候，就径自回到京城去见光武帝，双手奉还将军金印，请求削去自己的封邑五百户。刘秀觉得这个死心塌地的跟随者很可爱，立即回心转意，改封这个受谴的将军为杨虚侯，索性留在京中为奉朝请，不用到那个小地方去捱日子。

然而，有一次光武帝在宴会中问功臣们，如没有遇上这一场风云际会，单凭自己本事，能做到什么样的官职。各功臣依次回答，轮到马武时，他说："臣下有些武艺，也很勇敢，可以在郡里当个捉盗贼的尉、

督之类的官。"刘秀笑着说："你自己不当盗贼就很好了！不过你当个亭长还是胜任的。"可见光武帝对这个跟随者的看法，是如何的了。

　　马武为了保持自己的禄位，拼命讨好刘秀。他最拿手的一招，就是在酒宴上，借酒势揭露别人的短处来取笑乐，以博刘秀的欢心，这就是所谓的"阔达敢言"；而刘秀也故意放纵他这样做，所以马武也越来越放肆。后来，当马援因征五溪蛮失利，再加上征交阯时带回一车薏苡而获罪的事件中，马武就是其中最可耻的诬告者之一，他甚至不惜作伪证，来促成刘秀对马援这个无辜者的惩处。

高效的舂米用具：脚踏碓
汉代加工谷物有了新的发展，除了先秦已有的杵臼以外，先后出现了脚踏碓（"践碓"）、畜力碓和水力碓，劳动强度逐渐减轻，而舂米效率却大大提高。脚踏碓在汉代应用已很普遍。西汉末年的哲学家桓谭说脚踏碓的效率十倍于手工的杵舂。这块四川彭山出土的画像砖完整而精细地刻画出脚踏碓的结构和操作过程。

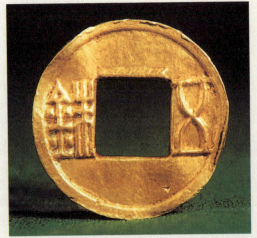

延用长达700余年的汉代五铢
西汉货币承袭秦制。汉武帝时铸造五铢钱，通行全国，禁止旧币使用。黄金为上币，单位以斤计；铜钱为二等币，用于民间交易。五铢钱大小、轻重适中，是中国货币发展中较成功的一种铸币，延续使用到隋末，长达700余年。图为汉代金五铢。

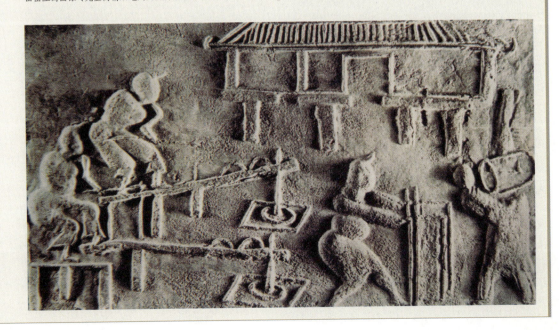

〇三七

白马驮经

佛教是世界三大宗教之一，发源于古印度。公元前6世纪由古印度的一个王子乔达摩·悉达多创立，他就是后来被尊奉为佛祖的释迦牟尼。佛教以慈悲为怀，劝人向善，教人宽容，佛家经典更是博大精深，浩如烟海。它对中国的传统文化产生了极为深远的影响。白马驮经拉开了佛教传入中国的序幕。

佛主托梦显灵，明帝遣使求经

在中国历史上，明确记载佛教传入中土的时间是东汉时期，但是，也有学者认为，早在西汉武帝时，由于丝绸之路的繁荣，大量的商人已经将佛教传入到西域各国。而当时有些西域国家如于阗、龟兹、疏勒等都属于今天中国的版图。

不过，佛教的传入在汉明帝以前规模并不是很大。一天晚上，汉明帝梦见一个金人，身材高大魁梧，头顶上光芒四射，明亮生辉。他感到很奇怪，第二天上早朝的时候，他就问大臣们这个梦到底意味着什么？大家都猜测不出，这时有个大臣傅毅说，我曾听说西方有一个神灵，称为佛，浑身上下都是黄金色，身高六尺，高大威武。可能皇帝您梦的就是这个佛吧！

当时中国境内还没有佛经教义甚至寺庙，汉明帝认为这是佛祖显灵的意思，因此他决定派人去寻求佛法。公元65年，汉明帝派遣专使共十二人，在蔡愔和秦景的带领下到西方的天竺（古印度）求经问法。

苦心求得真经，白马驮入中原

当汉使者一路风餐露宿走到今天的阿富汗一带时，正巧碰到了从天竺过来的两个高僧——迦叶摩腾、竺法兰。他们带着大量的佛经和佛像，蔡愔和秦景认为这正是他们要求的佛法。于是，在使者们的盛情邀请下，经过长时间的劝说，两位高僧终于同意和他们一道到中土去传播佛法。但是，由于佛经和佛像比较重，他们就找了健壮的白马，驮着这些佛像和佛经一路向都城洛阳走来。历时两年后，公元67年，

白马驮经

相传汉明帝夜间梦见一个金人，顶上有白光，在殿廷间飞行。第二天将此梦告诉朝臣，问他们是吉是凶。傅毅说，梦见的是佛。于是汉明帝派遣郎中蔡愔和博士弟子秦景等出使天竺，摹写浮屠的遗像。蔡等后来和天竺高僧迦叶摩腾和竺法兰回到洛阳。蔡等又带回佛经四十二章和释迦牟尼的立像，明帝令画工绘制佛的图像，安放在清凉台和显节陵上，经藏在兰台石室。蔡等是用白马把佛经驮回洛阳的，明帝因此在洛阳城雍关之西，建了一座白马寺，迦叶摩腾和竺法兰后来都是在这座寺庙里圆寂的。

> 历史文化百科 <

〔鲁迅与汉代画像石〕

汉代画像石墓，是指西汉中期到东汉末以石刻画像为装饰的墓葬。内容包括生产、生活、祥瑞、祛邪、神话、天象等诸多方面，是研究汉代政治、经济、文化的实物材料。

鲁迅十分重视汉代画像石。直到逝世前两个月，他还在信中关照道"桥基石刻，亦切望于水消之后拓出"。《鲁迅藏汉画像》已由上海人民美术出版社结集出版。

汉明帝　秦景　壮志　《后汉书·明帝纪》
迦叶摩腾　竺法兰　坚强
蔡愔　白马驮经

人物　　典故　　关键词　　故事来源

他们到达了繁华的洛阳城。东汉朝廷对此事非常重视，以极高的礼遇招待两位高僧，并安排他们住在专管外交的官署鸿胪寺。汉明帝敕令马上建造一座庭院专门安排两位高僧来解读经书，为了纪念将佛经驮到中原的白马，再加上两位高僧之前曾住在鸿胪寺，就把这座新建的庭院称为白马寺。后来也将僧人诵读经书的地方称为寺。白马寺是中国古代所建的第一座佛教寺院，至今还坐落在洛阳城中。

佛经的传入和两位高僧的到来，为中国的佛教传播拉开了序幕，佛教在当时的上层社会中非常盛行，佛经在翻译和整理过程中被加上了中国本土的文化色彩，因此很快被人们接受。　〉孙水庆

佛教传入中国所立的第一座寺院：白马寺

白马寺位于今洛阳市老城东约12公里，北依邙山，南濒洛河，殿阁峥嵘，宝塔擎天，翠柏森郁，肃穆幽静。是佛教传入中国所立的第一座寺院，因而有"释源"和"祖庭"之称。始建于东汉，据载，汉明帝刘庄夜梦金人，博士傅毅释为西方之佛。明帝遂遣大臣蔡愔、秦景、王遵等十余人出使天竺（古印度），求取佛经。行至大月氏（今阿富汗）遇天竺高僧迦叶摩腾、竺法兰，并得佛经和佛像，即邀二僧用白马驮经像，于永平十年(67)返洛京，住当时的外交署鸿胪寺，次年明帝敕令修造僧院，取名白马寺。此后，不少高僧在此译经，北魏时白马寺是洛阳千所佛寺中最隆盛者，隋、唐达到鼎盛。此后几经战乱兴废，至元、明的大规模整修，才奠定如今白马寺的规模。

反映祈福求仙的鎏金铜羽人

东汉雕塑，陕西西安出土。铜羽人长脸尖鼻，颧骨隆起，耳朵奇大，双肩生有羽翼，作举手微笑状，反映了当时封建贵族祈求"羽化登仙"的社会风尚。

水利专家王景

黄河在中国古代经常泛滥成灾，对粮食生产和人民生命都构成严重威胁。东汉时期，黄河汴水决堤，王景受命治理水患，历时一年就收到很大功效。

修筑水渠小试身手

王景从小博览群书，尤其喜欢阅读《周易》，对天文地理等知识特别有兴趣。他性格稳重，举止大方，在司空伏恭府中担任职务。当时修建浚仪渠，但是没有合适的人选，有人就举荐王景，说他在这方面很有才能，汉明帝于是就命令他和王吴共同修筑水渠，他们采用王景的"堰流法"，成功地治理了水患。王景的水利才能开始被人们关注。

治理水患功业永存

西汉平帝的时候，黄河汴水决口，当时没有及时修理。东汉建立后，本来已经征调了大量的民工，准备治理黄河汴水，造福于民，但是由于长期战乱后，没有足够的经费来源开展大规模的治水工程，加上意见的不一致只好作罢。汉明帝即位后，国家已经有了一定的积蓄，而且灾害越来越重，百姓们怨声载道，于是汉明帝下决心治理水患。由于王景在修筑浚仪渠时很成功，所以汉明帝就想到了任命王景去治理黄河。在征询了王景对治理黄河的一些想法后，明帝决定把治理黄河的重任交付给他，并赏赐了大量的钱物衣帛，还有古代治水方面的专著，如《山海经》、《河渠书》、《禹贡图》等著作，以供王景参考。

古代江南最大的水利工程：鉴湖
鉴湖在今浙江省绍兴市西南，为浙江名湖之一。俗话说"鉴湖八百里"，可想当年鉴湖之宽阔。东汉永和五年（140），时任会稽（即今绍兴）太守的马臻发动民工，筑堤潴水，总纳山阴、会稽两县36源之水，形成一个巨大的蓄水湖泊，即鉴湖。这个水利工程使绍兴一带八百余年无水旱灾害，溉田九千余顷，民享其利甚巨，为江南古代最大的水利工程之一。

《后汉书·王景传》

王景　勤奋　汉明帝
汉　善思

人物　关键词　故事来源

＞历史文化百科＜

〔东汉的庄园经济〕

东汉经济的一个重要现象是庄园经济的发展。田庄是封建地主经营土地的主要生产组织形式。庄园内的农民与庄园主有极强的人身依附关系。田庄拥有自己的武装，保卫庄园。庄园地主可督促农民生产，兴办水利事业，推广新技术和经验。

永平十二年（69），东汉政府征发十万民工，开始治理水患。王景把大量的时间和精力花费在调查研究方面。他先是带着助手，对灾害情况进行了详实的考察，测绘地形，接着就进行了反复的讨论和研究，形成了治理水患的科学方法。他们把荥阳以东到千乘海口一千多里确定为黄河的主干道，开凿"山阜（阻挡河流的高地）"，疏通淤泥，破除河中的岩石，每隔十里就设立一道闸门，减缓水势，并修堤立渠，使河水不至于渗漏。经过一年时间，耗费了大量的人力物力，终于成功地治理黄河，分离汴水，此后八百多年

轮廓简练的木牛车俑

一头黄牛只雕刻出大致轮廓，轮车也简单拼接而成，雕刻技艺比较粗糙，却正好与农民朴实劳作的风格相融合。从雕刻笔法看，可能出自平常匠人或农民之手，劳苦耕作之余用以点缀生活。出土于青海西宁，现藏青海省文物考古研究所。

推广牛耕

先秦以来，南方广大地区长期采用"火耕水耨"的耕作方式。这是一种原始的水稻耕作形态，不需耕翻土壤，通常在春天放火烧掉地上的杂草，放水浸润土壤，漫撒播种。由于不注意土壤保护，必须进行休耕，生产力低下。两汉时期随着铁器牛耕的推广，火耕水耨区的耕作方式开始发生变化，东汉初年的循吏王景在庐江郡（今安徽庐江）担任太守，当地的生产条件比较落后，百姓还不懂得使用牛耕地，虽然有肥沃的土地，但是生产的粮食却少得可怜。王景到任后，带领人们开拓耕田，教百姓使用牛耕，从而改变了当地的农业耕作方式。在王景的带领下，庐江逐渐成为物产丰富的地区，当地百姓在王景死后，为他修庙立碑。

黄河未曾改道，为恢复两岸的农业生产、漕运的正常等作出了突出贡献。虽然王景注意节俭，但是仍花费了数以百亿计的费用。

庐江太守青史留名

汉章帝时，王景到庐江担任太守。当地的生产条件比较落后，百姓还不懂得使用牛耕地，虽然有肥沃的土地，但是生产的粮食却少得可怜。王景到任后，带领人们修理废弃的蓄水池，开拓耕田，教百姓使用牛耕，还传授给他们养蚕的方法，在王景的带领下，庐江逐渐成为物产丰富的地区，当地百姓在王景死后，为他修庙立碑，世代歌颂。　＞孙水庆

127

二王谋逆案

古代的君主好琢磨臣民，从周厉王派卫巫监视市民，到汉明帝苛察大臣，似乎已成了传统。令人费解的是，汉朝皇帝都偏爱琢磨自己的子弟。

父王宽厚 儿子褊狭

中兴英主光武帝刘秀好耍计谋，常以诈术对付敌手，可是对待功臣却是宽厚的，即使如马援遭蒙冤屈，未予平反，但也没有惩及家属。而他与大美人阴丽华生下的宝贝儿子明帝刘庄生性褊狭，不能容人，喜欢派出耳目，去窥探臣下的隐私，随时揭发出来，以表示自己的圣明。而公卿大臣乃至皇子皇孙的灾难也就多了！开始时，还只是大臣们常常遭受明帝身边"耳报神"的无端诋毁。到后来，甚至尚书那样的亲近内臣也常被毒打。有个郎官叫药崧，常被明帝借故泄怒，用大杖捶打。有一次，药崧捱打不过，躲到皇座下。明帝高叫："你这个郎官，给我出来！"药崧情急之下，用《礼记》中的话来回答："天子穆穆，诸侯皇皇。我没有听说过做天子的亲自打郎官的。"明帝自觉理亏，这才放过药崧。

先有刘荆自杀案

渐渐地明帝的目光投向皇族身上，很快宫中就冤狱迭起：

先是，有个看相的人出首告发广陵王刘荆曾对他说："我的容貌很像先帝，先帝三十岁就得天下，我现在也是三十岁，可以起兵争天下了吗！"刘荆知道了，非常惊恐，就自己到诏狱去自首。明帝对刘荆很是加恩，不让拷打追问此事，只是下令不准刘荆再管理封邑里的官民，光能收取封邑所交的田租，还派广陵国相和中尉管教他。不料，刘荆又召来巫师，

男裸体俑铜灯
这件铜男裸体俑灯一改以往商周青铜器的神秘厚重之风格，铜俑形象朴实可爱，生动传神，显得舒展自如，更接近常人生活。展示了当时高超的雕塑和青铜冶铸技艺，是一件既实用、又美观的汉代青铜灯具珍品。

公元87年

公 元 87 年

世界大事记

帕提亚王遣使至汉，献狮子等奇珍异物。

后汉书·广陵王刘荆传

广陵王刘荆 楚王刘英

燕樊广儵 猜疑

人物 关键词 故事来源

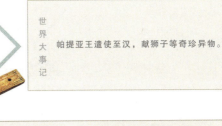

在家中祭祀念咒。明帝又派长水校尉去查讯此事，结案时樊儵奏请诛杀刘荆。明帝当着众人的面发怒说："你们明知他是我的胞弟，竟想处死他；如果是我的儿子，你们敢吗！"樊儵回答说："天下是高祖的天下，不是陛下的天下！正因为他是陛下的胞弟，陛下很爱他，所以还

来请示一下；如果是陛下的儿子，臣下不来请示，就先处死他了！"明帝一面叹息，一面表扬樊儵，说他的道理很对。大臣们弄不清这对君臣

"后羿射日"东汉画像石

图中一棵高大的扶桑树，一人弯弓搭箭射向树上的乌鸦。乌鸦象征太阳。传说远古的时候，有十个太阳生活栖息在东方汤谷一棵高大的扶桑树上，它们由金乌背负着轮流到人间巡行。当一个太阳回来时，就有另外一个太阳出去，从来没有错乱过。但到了尧帝当政时，不知什么缘故，十个太阳不愿再独处出行，天空中一下子出现了十个太阳，灼热的日光烧烤着大地，江河干枯，草木枯焦，百姓们又饥又渴，奄奄待毙。在这种危难时刻，尧帝命令神箭手后羿把天上的太阳射下来。后羿一口气射下九个太阳，这样天空中就剩一个太阳了。虽然这是个远古神话，但它形象地反映了远古时代的人们征服自然、改造自然的决心和意志。

铸铜业（上图）

东汉时期的铸铜业仍有发展。当时的铸铜业遍及全国，最著名的地区有广汉、蜀郡、朱提等地。产品有博山炉、铜镜等，主要是生活用具。有些洗上带有"朱提造"、"堂狼（今云南东川）造"、"青蛉（今大姚）造"等铭文，注明产地；花纹则有双鱼、羊、鼎等图案，或铸有祝福吉祥、富贵的话语。

比敦煌石窟还早的佛教造像

孔望山摩崖造像在江苏省连云港市南。高9.7米，真是山不在高，矮矮的山上有依山形而雕的大小人像108个，内容是佛教故事，均为东汉时期作品，比举世闻名的敦煌石窟还早，可以说是我国最早的摩崖造像了，相传是孔子登临望海处，因而得其名。

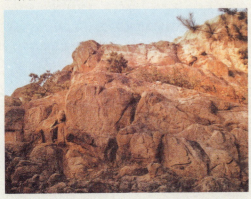

▷历史文化百科◁

〔谶纬之学〕

谶纬之学是以预言与应验为特征并依附于经学的神学混合体。西汉晚期，谶纬迷信开始流行，东汉时期更加盛行。

光武帝刘秀笃信图谶，以图谶起兵，以图谶称帝，以图谶用人。

讲的到底是什么意思，只见过了几个月，在春暖花开的时节，传来刘荆自杀的消息。

原来这个刘荆是有前科的人。早在光武帝驾崩，明帝刚即位时，刘荆就曾写无头信给前太子刘彊，为他被废黜抱不平，教唆他在封邑起兵来争天下。结果，刘彊把无头信连同送信人一起交呈给明帝。明帝秘而不宣，只是让刘荆离开皇宫，住到河南县去。这次刘荆"旧病复发"，而且变本加厉，竟想自己起兵去与兄长争天下，最后自杀而死，看来是咎由自取。

令人费解的是，刘荆是明帝的同胞弟弟，为何明目张胆去挑动前太子起兵造反；如果刘彊头脑不清，没有把事情主动上报，结果会是什么呢？史书文献从未见有刘荆习武，或者与什么大将有勾结的记载，他又凭借什么动辄声言要"起兵"呢？

后有刘英谋逆案

广陵王的尸骨未寒，楚王刘英谋逆案又发生了。

东汉鎏金铜樽
为传世东汉文物，通体鎏金，装饰富丽，为圆筒形，有隆顶尊盖，尊足为立雕熊状，承盘亦为三足，均雕为熊形，熊体镶嵌红、绿宝石，光彩夺目。承盘有铭文，记此器为东汉建武二十一年（45）制。

最早的脚踏纺车（东汉纺织画像石）
古代通用的纺车按结构可分为手摇纺车和脚踏纺车两种。手摇纺车的图像数据在出土的汉代文物中多次发现，说明手摇纺车在汉代已非常普及。脚踏纺车是在手摇纺车的基础上发展而来的，目前最早的图像数据就是这块在江苏省泗洪县出土的东汉画像石。脚踏纺车驱动纺车的力来自于脚，操作时，纺妇能够用双手进行纺纱操作，大大提高了工作效率。

刘英是个见神就拜的虔诚人。数年前，明帝亲自发愿从天竺国引进佛教，刘英是皇族中第一个信奉礼拜的人。这次刘英又让方士制造金龟和玉鹤，上面刻有祥瑞的文字，被一个名叫燕广的男子告发了，说刘英伙同渔阳来的王平、颜忠一起私造符瑞之物，想谋叛逆。有关官府去查验，回报说："刘英大逆不道，请求处以死刑。"明帝照例不忍心对亲人施加惩罚，只是废黜了刘英的王爵，单身一人流放到丹阳郡泾县去住，赐给当地五百户人家的租赋做为生活费，并宣布他的母亲和子女的生活待遇一切如旧。刘英到达泾县就自杀了。明帝下诏就地以诸侯礼仪安葬刘英，封告发者燕广为折奸侯。同时，明帝又下令追究与此案有牵连的人，其中有亲戚、诸侯、地方豪杰，甚至经办过此案的官吏，被处死、流放的数千人，关押狱中的也有数千人。

此案同样疑点重重：刘英虽是明帝的异母兄弟，但从未声言要"起兵"，所造金龟玉鹤不过是一些吉祥之物。一不廷审，二不辩解，老是以明帝的"加恩"，不加声张就实际上已经定案为"大逆不道"。这和刘荆的事情同样成为东汉史上的一大疑案。

聚焦：公元 8 年至公元 220 年的中国

思想通脱之后，废除固执，遂能充分容纳异端和外来的思想，故孔教以外的思想源源引入。归纳起来，汉末、魏初的文章，可说是：清峻，通脱，华丽，壮大。

鲁迅

东汉学者迷信渐除，而哲理方面的发见仍是很少，儒家在此时渐出，王符《潜夫论》、王充《论衡》，可称为卓异的著述。

章太炎

东汉一代，文学论者，首推桓谭、班固，其后则有王充。谭、固皆盛称子云，充之论出于君山，故谓东汉文论，全出于扬雄可也。

朱东润

经过王莽篡位的短暂混乱，东汉光武帝刘秀在农民作乱与地方军阀割据的局面下中兴了汉帝国。为了调和各方的利害冲突，使彼此都能和谐并存，他极力鼓吹天人合一自然和谐等观念，使东汉弥漫着一股维持现状的政治哲学，然而豪强兼并的事实终究不是意识形态所能消弭的。终于，在党锢之祸后，冲突的各方将汉帝国推向败亡的命运。

黄仁宇

汉代经学依于文句，故朴实说理，而不免拘泥。魏世以后，学尚玄远，虽颇乖于圣道，而因主得意，思想言论乃较为自由。汉人所习者曰章句，魏晋所尚者曰"通"。章句多随文饰说，通者会通其义而不以辞害意。

汤用彤

文苑泰斗，学术名家，聚焦于公元 8 年至公元 220 年的中国。他们以宏观或者微观的独到眼光，对东汉的政治经济和社会文化的各个层面作了深入浅出、鞭辟入里的解析。这些凝聚了高度智慧的学术精华，历经岁月洗礼，常读常新，是我们走进中国历史文化殿堂的引路人。

这个时代（灵帝献帝时代）是个大乱的时代。政治的昏乱到了极端。清流的士大夫都被那"党锢"之祸一网打尽。这个纷乱的时代，却是文学史上的一个很灿烂的时代。这个时代的领袖人物是曹操。

胡适

东汉从统一走向长期的分裂也有极其复杂的因素。举其荦荦大者，第一是匈奴、羌族不断内徙，在北方和西北边疆形成极大的势力。第二是世族的兴起，士大夫保家之念远重于效忠朝廷。第三是在思想上儒学重群体的意识开始衰落，代之而起的是重个体自由的老庄。佛教东来及其传布也助长了此一趋势。第四是民间文化对上层的儒教文化公开反抗。

余英时

东汉士大夫中所崇尚的理想人格与道德精神，在普遍的政治权力压迫下，与世俗的卑琐人格与实用精神对抗，它无法不以一种激烈的态度来维护自己的立志，凸显自身的存在，于是逐渐走向了极端。

葛兆光

士人在政治上占有地位，自西汉武、宣以来，已逐步显著，而到东汉更甚，这里有几层因缘。一、朝廷帝王之极端提倡。二、民间儒业之普遍发展。三、博士弟子额之日益增添。而尤要者则在当时之地方察举以及公府征辟制。

钱穆

图书在版编目（CIP）数据

漫漫中兴路（上）/江建忠著．—上海：上海锦绣文章出版社，2014.2
（话说中国：普及版）
ISBN 978 - 7 - 5452 - 1260 - 0

Ⅰ．①漫… Ⅱ．①江… Ⅲ．①中国历史—东汉时代—通俗读物
Ⅳ．① K 234.209

中国版本图书馆 CIP 数据核字（2013）第 062543 号

责任编辑　李　欣
特邀审订　杨善群
特邀审读　王瑞祥
特邀编辑　王建玲　侯　磊　刘言秋　李曦曦
整体设计　袁银昌 李　静
摄　　影　徐乐民　麦荣邦
电脑绘画　严克勤 王　伟
图片整理　居致琪
印前制作　北京世典华文文化传媒有限公司　邵海波
印务监制　张　凯　黄亚儒

书名
漫漫中兴路（上）
　　——公元 8 年至公元 220 年的中国故事
著者
江建忠
出版
上海锦绣文章出版社·上海故事会文化传媒有限公司
发行
北京世典华文文化传媒有限公司
电话：010—62870771
传真：010—62874452
地址：北京市海淀区红山口甲 3 号 209 楼 14 号
邮编：100091
公司网址：http://www.sdhwmedia.com
电子邮箱：shidianhuawen@sina.com
印刷
北京爱丽精特彩印有限公司印刷、装订
版次
2014 年 2 月第 1 版　2016 年 1 月第 2 次印刷
规格
787 × 1092　1/16　印张 8.5
书号
ISBN 978 - 7 - 5452 - 1260 - 0/K · 435
定价
30.00 元

告读者　如发现本书有质量问题请与印刷厂质量科联系 T:010—84311778